# Partyrezepte

AUTORIN: MARGIT PROEBST | FOTOS: JÖRN RYNIO

# Praxistipps


4 So wird Ihre Party ein voller Erfolg
5 Der perfekte Zeitplan
6 Getränke – das passt zu Partyfood
7 Alles an seinem Platz auf dem Büfett
8 Dips & Aufstriche
64 70er-Jahre-Klassiker

Umschlagklappe hinten:
Vier Partybüfetts: Festlich, exotisch, mediterran und preisgünstig
Drinks & Bowlen


# Extra


Umschlagklappe vorne:
Die 10 GU-Erfolgstipps mit der Gelinggarantie für Partyrezepte

60 Register
62 Impressum

# Rezepte


## 10 Von der Hand in den Mund

11 Räucherlachs-Crêpes
12 Forellentaler
12 Pilz-Tramezzini
14 Schnitzel-Canapés
14 Pasteten-Canapés
16 Pizzabrötchen
17 Salsiccia-Crostini
17 Ziegenkäse-Crostini
18 Hackfleischtaschen
18 Lauchpastetchen
20 Kürbiskuchen mit Schafskäse
22 Schinkengugelhupf mit Würzbutter

## 24 Salate & kalte Platten

25 Mango-Mozzarella-Platte
26 Spanischer Kartoffelsalat
26 Italienischer Nudelsalat
28 Linsen-Kokos-Salat
29 Möhren-Apfel-Salat
29 Rotkohl-Trauben-Salat
30 Hirsesalat mit Granatapfel
30 Glasnudelsalat mit Garnelen
32 Graved Lachs mit Limetten-Senf-Dip
33 Matjesplatte
33 Schinkenplatte
34 Roastbeef mit Thai-Pesto

## 36 Aus Topf, Pfanne & Ofen

37 Kürbis-Apfel-Suppe
38 Thai-Suppe
38 Gemüsesuppe mit Pistou
40 Kichererbsen-Hähnchen-Topf
41 Gulaschsuppe
41 Chili con carne
42 Gebratenes Gemüse
42 Süßkartoffelcurry
44 Hackbällchen mit Tomatensauce
46 Kartoffel-Kapern-Spieße
46 Austernpilz-Clafoutis
48 Hähnchenkeulen vom Blech
48 Ofenschnitzel mit Parmesankruste

## 50 Süßes & Käse

51 Schoko-Orangen-Creme
52 Pfirsich-Kokos-Tiramisu
52 Zimt-Panna-cotta
54 Sherry-Trifle mit Himbeeren
55 Erdbeeren mit Eierlikör
55 Rote Grütze mit Sahne
56 Gefüllte Bratäpfel
56 Schokoladenkuchen
58 Ziegenkäse mit Walnusspesto
58 Käseplatte mit Portweinfeigen

# So wird Ihre Party ein voller Erfolg

*Sie möchten eine Einladung für acht bis zwölf Personen geben? In diesem Buch finden Sie dazu einfache Rezepte, die sich prima vorbereiten lassen.*

Auch die übrigen Gerichte sind einfach zuzubereiten und gleichzeitig raffiniert. Mit etwas Planung zaubern Sie so ein Partybüfett, das Ihre Gäste mit Sicherheit zum Staunen bringen wird.

## Was gibt's zu essen?

Überlegen Sie zunächst, was Sie anbieten möchten. Das Essen soll natürlich dem Anlass entsprechen. Zum runden Geburtstag oder zu Silvester darf es also ein wenig ausgefallener und aufwendiger sein als für den Spieleabend mit Freunden.

Die nächste Frage ist: Wer feiert mit? Davon hängen nicht zuletzt die Mengen ab, die Sie vorbereiten müssen. Kinder und ältere Herrschaften essen im allgemeinen weniger als junge Männer. Sind einige Vegetarier in der Runde? Dann sollten Sie das berücksichtigen. Wissen Sie um die Allergien Ihrer Gäste? Dann vermeiden Sie die entsprechenden Zutaten in möglichst vielen Gerichten. Im Zweifelsfall fragen Sie diese Besonderheiten nochmals ab. Wählen Sie insgesamt eine ausgewogene Mischung an Gerichten mit Fisch, Fleisch und Vegetarischem.

Ein weiteres Auswahlkriterium ist die Jahreszeit: Im Frühling und Sommer sind leichte Speisen sowie Obst und Gemüse der Saison angesagt. In der kalten Jahreszeit kommen Suppen und deftige Eintöpfe, beispielsweise mit Wintergemüse, sowie gehaltvolle Desserts besser an.

Bei einer größeren Party mit mehr als acht Personen haben möglicherweise nicht alle Gäste einen Sitzplatz am Tisch. Planen Sie dann überwiegend Speisen, die einfach aus der Hand oder nur mit einem Löffel oder einer Gabel und notfalls auch im Stehen zu verzehren sind.

Ebenso spielt die Vorbereitungszeit eine große Rolle: Kombinieren Sie bei der Zusammenstellung des Büfetts ein, zwei aufwendigere mit ein paar schnellen Gerichten. Wenn sich einiges davon bereits am Vortag vorbereiten lässt, umso besser!

## Wann kaufe ich was ein?

Sie haben sich entschieden, was es geben soll? Dann schreiben Sie zwei Einkaufszettel: Auf einem notieren Sie alle haltbaren Zutaten, die Sie schon einige Tage vor dem Fest besorgen können. Dazu gehören Dosen, TK-Ware und Trockenvorräte wie Reis und Nudeln. Auch die Getränke sollten Sie bereits einkaufen oder beim Lieferservice bestellen.

Auf die zweite Einkaufsliste kommen alle frischen Zutaten wie Gemüse, Salate, Fleisch und Milchprodukte, die Sie am Tag vor der Party besorgen. Am Festtag selbst müssen Sie dann nur noch an Brot und Leichtverderbliches wie Hackfleisch denken.

## Was brauche ich sonst?

Besitzen Sie genügend Geschirr, Besteck und Gläser? Wenn es geht, halten Sie so viel davon bereit, dass Sie im Laufe des Abends nicht abwaschen müssen. Für eine legere Party darf alles zusammengewürfelt sein, zu einem eleganten Anlass bekommen Sie das Nötige bei Bedarf von einem Geschirrverleih. Denken Sie außerdem an Tischdecken, Servietten, Kerzen und eventuell Dekomaterial.

# Der perfekte Zeitplan

Damit bei der Vorbereitung keine Hektik aufkommt, überlegen Sie frühzeitig, in welcher Reihenfolge Sie am besten vorgehen. Schreiben Sie sich einen entsprechenden Arbeitsplan, den Sie Punkt für Punkt abarbeiten können.

## Wie viel Zeit brauche ich?

Wenn Sie die einzelnen, bei den Rezepten angegebenen Zubereitungszeiten addieren, ergibt sich die reine Arbeitszeit. Rechnen Sie dazu mindestens eine, besser zwei Stunden. Zwischendurch muss mal Zeit für eine Pause sein, am Ende müssen Sie die Küche wieder in Ordnung bringen, unter die Dusche springen und sich zurechtmachen. Bauen Sie dafür unbedingt einen großzügigen Zeitpuffer ein! Dann empfangen Sie Ihre Gäste ganz entspannt und können von Anfang an ausgelassen mitfeiern.

## Die richtige Reihenfolge

Einige der Rezepte lassen sich schon am Vortag vorbereiten – den Hinweis finden Sie jeweils direkt beim Rezept. Berücksichtigen Sie diese Option unbedingt bei der Büfettplanung!

Am Tag der Party selbst beginnen Sie mit den Gerichten, die ohne Geschmackseinbuße länger stehen dürfen. Dazu gehören Salate, die noch ein wenig durchziehen sollen. Auch cremige Desserts, Dips und Aufstriche können frühzeitig zubereitet und mit Klarsichtfolie abgedeckt im Kühlschrank auf ihren Einsatz warten. Unter den warmen Gerichten sind Suppen, Eintöpfe und Currys äußerst pflegeleicht: Einfach beiseitestellen, abkühlen lassen und vor dem Servieren wieder erwärmen.

## Wohin mit fertigen Speisen?

Gemüsekuchen und Gebackenes muss nicht kühl gestellt werden. Diese können Sie gleich auf Platten anrichten und mit einem Küchentuch abgedeckt auf das Büfett stellen. Auch Salate, die noch ein wenig durchziehen sollen, dürfen, mit Klarsichtfolie abgedeckt, direkt ihren Platz einnehmen. Bei frischen Salaten platzieren Sie das Dressing direkt daneben und mischen alles kurz vor der Büfetteröffnung.

Suppen, Eintöpfe und Currys belassen Sie am besten auf dem Herd in der Küche. Stellen Sie später Teller, Besteck und Brot dazu, dann kann sich jeder hier selbst bedienen.

## Kurz bevor die Gäste kommen

Einige der Rezepte schmecken am besten frisch zubereitet. Legen Sie sich dafür vor dem Eintreffen der Gäste alle Zutaten und Geräte zurecht, dann geht die Zubereitung später ganz schnell.

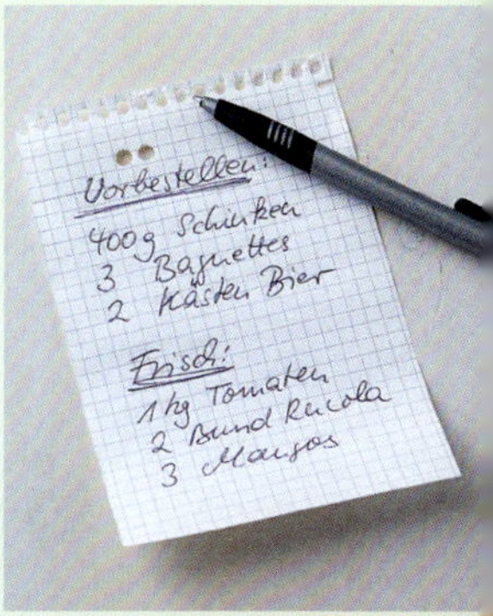

# Getränke – das passt zu Partyfood

Zum Partyauftakt immer beliebt ist Prosecco oder Sekt. Gut gekühlt und mit einem Schuss Aperol oder Holunderblütensirup gemischt wird daraus ein trendiger Aperitif. Wer etwas Ausgefalleneres anbieten möchte, mixt fruchtige Drinks oder bereitet eine Bowle vor. Für den weiteren Abend liegen Sie mit je einer Sorte trockenem Rot- und Weißwein richtig. Einige Ihrer Gäste trinken lieber Bier? Dann nehmen Sie das auch noch hinzu.

Überlassen Sie grundsätzlich Ihren Gästen die Wahl bei den Getränken. Bei einer bunten Mischung aus Fisch-, Fleisch-, Käse- und vegetarischen Gerichten gibt es ohnehin nicht die einzig richtige Weinbegleitung.

Sorgen Sie außerdem für ausreichend alkoholfreie Getränke. Einige Gäste sind vielleicht mit dem Auto unterwegs, manche mögen, andere vertragen ihn nicht – es gibt viele Gründe, auf Alkohol zu verzichten. Wasser und Fruchtsaft für Saftschorle sind da eine gute Wahl, Softdrinks wie Coca Cola und Limonade weitere Möglichkeiten.

## So viel brauchen Sie

Rechnen Sie im Schnitt pro Person 1–2 Gläser Sekt oder Prosecco zum Aperitif (1 Flasche enthält 7 Gläser). Dazu brauchen Sie für jeden 1 knappe Flasche Wein oder 2–3 Flaschen Bier, 1 Flasche Wasser und ½ Flasche Fruchtsaft (z. B. Apfel- und Orangensaft) oder andere Softdrinks. Das sind natürlich nur grobe Richtwerte! An einem heißen Sommertag wird locker die doppelte Menge Alkoholfreies, dafür meistens weniger Wein getrunken.

Als Alternative zu stillem Mineralwasser füllen Sie kaltes Leitungswasser mit ein paar Bio-Limetten- oder Bio-Zitronenscheiben und 1–2 frischen Minzezweigen in Krüge. Wenn Sie die Krüge vorher ins Tiefkühlfach gelegt haben, bleibt das Wasser eine Weile schön frisch und kühl.

## Getränke richtig kühlen

Sekt und Weißwein sollten gut gekühlt (8–10°) sein, Rotwein schmeckt besser bei (kühler) Zimmertemperatur (ca. 18°). Wenn der Kühlschrank schon durch die Speisen aus allen Nähten platzt, muss eine andere Lösung her.

In der kalten Jahreszeit können Sie alle Getränke, die gekühlt werden müssen, auf den Balkon oder die Terrasse stellen. Im Sommer besorgen Sie sich Crushed Ice (gibt es in Großmärkten und Tankstellen), füllen es in eine Wanne und stecken die Flaschen hinein. Offene Flaschen dann in Flaschenkühlern aus Plexiglas oder Ton kühl halten.

# Alles an seinem Platz auf dem Büfett

Bei einem kleinen Fest mit maximal acht Personen können Sie alles zusammen auf einem Tisch anrichten. Damit bei größeren Partys kein Gedränge entsteht, empfiehlt es sich, Speisen und Getränke an zwei oder sogar drei verschiedenen Stellen aufzubauen. Gläser und Getränke stellen Sie auf einen eigenen Tisch und legen dazu gleich Korkenzieher und Flaschenöffner für Ihre Gäste bereit.

## Wie arrangiere ich die Speisen?

Die kalten Speisen stellen Sie mit Brot, Tellern, Besteck und Servietten auf einen gut zugänglichen Tisch. Warme Gerichte halten Sie entweder zur Selbstbedienung in der Küche warm oder Sie bringen sie im Laufe des Abends ans Büfett und servieren sie dort. Wer eine Warmhalteplatte hat, kann diese auf das Büfett stellen.

An den Anfang des Büfetts setzen Sie die Teller, denn die brauchen die Gäste zuerst. Die Platten und Schüsseln (mit Vorlegebesteck) ordnen Sie dann entweder in der klassischen Speisefolge, beginnend mit Fingerfood, kalten Platten, anschließend Salaten, Fisch, Fleisch, Vegetarischem, Gebackenem, Käse und Desserts an.

Sie können die Gerichte aber auch zu einem farblich abwechselnden, bunten Bild arrangieren. Eines allerdings muss aus der Platzierung immer klar hervorgehen: Dieser Dip gehört zum Roastbeef und nicht zum Nachtisch, jene Gebäckteilchen sind süß und nicht als Knabbergebäck zur Suppe gedacht. Immer ans Ende gehören Besteck und Servietten, dazu ein Korb mit verschiedenen, in Scheiben geschnittenen Brotsorten und Brötchen.

## Alles auf einmal oder etappenweise?

Ein Fingerfood-Büfett und Selbstbedienung am Getränkebüfett ist für Sie als Gastgeber die einfachste Variante: Bevor Ihre Gäste eintreffen, richten Sie alles, inklusive Käse und Dessert, auf dem Büfett an. Sie müssen dann später nur mal leere Schüsseln und Platten abtragen und die Reste wieder nett arrangieren. Dafür brauchen Sie relativ viel Stellfläche. Bei weniger Platz auf dem Büfett bieten Sie zuerst die kalten Speisen an und platzieren warme Gerichte auf dem Herd in der Küche.

Desserts und Käse bringen Sie später, wenn sich das kalte Büfett schon etwas geleert hat. Denken Sie daran, beides ca. 30 Min. vor dem Servieren aus dem Kühlschrank zu nehmen. Kalt entfalten Käse und cremige Desserts ihr Aroma nicht voll.

## Werden meine Gäste wirklich satt?

Die bange Frage kennt fast jeder Gastgeber: Reichen die vorbereiteten Speisen? Das Büfett soll ja nicht nach kurzer Zeit bereits leer gegessen sein. Wir haben bei allen Rezepten die Portionen angegeben, das erschien uns sinnvoller, als die Personenzahl zu nennen. Schließlich werden Sie auf Ihrem Partybüfett verschiedene Dinge anbieten.

Für einen kurzen, etwa zweistündigen Umtrunk planen Sie 5 Fingerfood-Häppchen pro Person (eventuell inklusive 1 Mini-Portion Salat, Suppe oder Dessert). Für eine abendfüllende Party rechnen Sie 2–3 Snacks bzw. Fingerfood, je 2–3 Portionen aus der Kategorie »Kalte Platten & Salate«, 1–2 Portionen warme Gerichte und 1–2 Portionen Dessert und Käse, dazu kommen 100 g Brot pro Person.

# Dips & Aufstriche

*Für den ersten Hunger zum Aperitif oder als Snack zu Wein oder Bier: Zusammen mit Brot passen diese würzigen Cremes zu vielen Gelegenheiten.*

**Lachsremoulade** 150 g Salatcreme (23 % Fettgehalt) mit 150 g Crème fraîche, je 1 EL mittelscharfem Senf und Honig verrühren. 150 g Räucherlachs fein würfeln. 2 hart gekochte Eier, 1 Essiggurke und 1 EL Kapern (aus dem Glas) fein hacken. Mit 1 EL geschnittenen Dillspitzen unter die Creme rühren und mit Salz, Pfeffer und 1–2 EL frisch gepresstem Zitronensaft abschmecken. Schmeckt fein als Dip zu Gemüsesticks (handliche schmale Stücke von Salatgurken, Möhren und Staudensellerie).

**Schnittlauch-Radieschen-Dip** 2 Bund Radieschen waschen und in Stifte schneiden. Mit Salz bestreut ca. 5 Min. Wasser ziehen lassen. 1 Bund Schnittlauch waschen, trocken schütteln und in feine Röllchen schneiden. 500 g Sahnequark mit 150 g Joghurt und 1–2 EL Meerrettich (aus dem Glas) verrühren. Radieschenstifte trocken tupfen und mit Schnittlauch unterrühren, mit Salz und Pfeffer abschmecken. Passt gut zu Laugengebäck.

**Currylinsen-Dip** Je 1 gehackte Zwiebel und Knoblauchzehe in 2 EL Öl anbraten. 200 g rote Linsen, 300 ml Gemüsebrühe und 1 TL Currypulver dazugeben, ca. 12 Min. kochen lassen. Abgekühlt pürieren. 3 Frühlingszwiebeln putzen, waschen und fein schneiden, 1 Bund Koriandergrün waschen, die Blätter fein schneiden. Beides untermischen, mit frisch gepresstem Zitronensaft, Salz und Cayennepfeffer abschmecken. Schmeckt gut zu Fladenbrot.

**Schmalz mit Backobst** Je 3 Backpflaumen, getrocknete Aprikosen und getrocknete Apfelringe ca. 10 Min. in warmem Wasser einweichen. Inzwischen 1 Zwiebel schälen, halbieren und fein hacken. 3 Stiele frischen Majoran waschen, trocken schütteln und die Blättchen fein schneiden. Von 250 g Schweineschmalz 1 EL in einer Pfanne zerlassen und die Zwiebel darin bei schwacher Hitze in 5–6 Min. goldgelb braten.

Inzwischen das eingeweichte Obst ausdrücken, in feine Würfel schneiden und dazugeben. Das übrige Schmalz hinzufügen und unter Rühren schmelzen lassen. Mit Salz, Pfeffer und Majoran würzen und zum Abkühlen in ein Keramiktöpfchen oder eine Schale gießen. Etwas abgekühlt in den Kühlschrank stellen und in ca. 1 Std. fest werden lassen, dabei gelegentlich durchrühren, damit sich die Backobststückchen gut im Schmalz verteilen. Mit herzhaftem Bauernbrot servieren und nach Belieben grobes Meersalz daraufstreuen.

**Schinken-Tomaten-Creme** 3 EL Pinienkerne ohne Fett bei schwacher Hitze goldbraun rösten. 12 getrocknete, in Öl eingelegte Tomaten abtropfen lassen und fein würfeln. 100 g Serrano- oder Parmaschinken fein würfeln. 1 Bund Rucola waschen, trocken schütteln und die Blätter fein schneiden. 500 g Ricotta mit 100 g Crème fraîche glatt rühren. Tomaten, Schinken und Rucola untermischen und die Creme mit Salz und Pfeffer abschmecken. Schmeckt sehr fein auf Ciabattabrot.

# Von der Hand in den Mund

Für die Stehparty oder die Fete in großer Runde ist Fingerfood einfach unschlagbar: Verführerische Kleinigkeiten, die ganz einfach aus der Hand zu essen sind, kommen bei allen gut an. Besonderes Highlight in diesem Kapitel: Ein pikanter Gugelhupf mit Würzbutter zum Reinsetzen – der Applaus Ihrer Gäste ist Ihnen sicher!

# Räucherlachs-Crêpes

3 EL Mehl
2 Eier | Salz
120 ml Milch
4 TL neutrales Öl
1 Bund Basilikum
1 EL rosa Pfefferbeeren
½ TL abgeriebene Bio-Zitronenschale
150 g Frischkäse
300 g Räucherlachs (in Scheiben)
24 Holzzahnstocher (nach Belieben)

**Für 24 Stück**
**45 Min. Zubereitung | 1 Std. Kühlen**
**Pro Stück ca. 75 kcal, 5 g EW, 5 g F, 1 g KH**

1 Das Mehl in einer Rührschüssel mit den Eiern und 1 kräftigen Prise Salz verrühren. Nach und nach die Milch dazugießen und alles mit dem Schneebesen zu einem klümpchenfreien Teig verrühren. Zugedeckt ca. 10 Min. quellen lassen. Eine mittelgroße beschichtete Pfanne erwärmen. Jeweils 1 TL Öl hineingeben und aus dem Teig vier dünne Crêpes backen. Auf einem Teller auskühlen lassen.

2 Das Basilikum waschen, trocken schütteln und die Blätter klein zupfen. Den rosa Pfeffer im Mörser grob zerstoßen und mit der Zitronenschale gleichmäßig unter den Frischkäse rühren.

3 Die Crêpes auf der Arbeitsfläche auslegen, dünn mit der Frischkäsemischung bestreichen und das Basilikum aufstreuen. Mit Räucherlachs belegen und aufrollen. Die Rollen fest in Folie wickeln und ca. 1 Std. in den Kühlschrank legen.

4 Zum Servieren die Räucherlachs-Crêpes in je 6 Stücke schneiden, diese nach Belieben mit Zahnstochern fixieren und auf einer Platte anrichten.

asiatisch scharf

## Forellentaler

2 Räucherforellenfilets (125 g)
1 EL frisch gepresster Limettensaft
½ Bund Koriandergrün
120 g Frischkäse
1 EL Wasabipaste (scharfe Meerrettichpaste aus dem Asienladen)
1 Rolle Pumpernickeltaler

**Für 28 Stück | 25 Min. Zubereitung**
**Pro Stück ca. 30 kcal, 2 g EW, 1 g F, 3 g KH**

**1** Aus 1½ Räucherforellenfilets 28 kleine Ecken für die Garnitur schneiden und beiseitelegen. Die übrige Forellenfilethälfte mit einer Gabel zerdrücken und mit dem Limettensaft beträufeln.

**2** Koriandergrün waschen und trocken schütteln. Von drei Stielen die Blättchen abzupfen und fein schneiden, den Rest für die Garnitur beiseitelegen. Den Frischkäse mit der Wasabipaste verrühren, das gehackte Koriandergrün und die zerdrückten Forellenfilets untermengen.

**3** Die Pumpernickeltaler mit der Forellencreme bestreichen. Jeweils 1 Forellenfiletstückchen darauf setzen und mit 1 Korianderblatt garnieren. Die Taler auf einer Platte oder einem Teller anrichten.

### AUSTAUSCH-TIPP

**Für eine etwas mildere Variante der Forellentaler ersetzen Sie die Wasabipaste durch 1 EL Meerrettich (aus dem Glas) und das Koriandergrün durch Dillspitzen.**

vegetarisch

## Pilz-Tramezzini

3 g getrocknete Steinpilze
300 g braune Champignons
je 1 Schalotte und Knoblauchzehe
1 EL neutrales Öl
½ TL getrockneter Thymian
½ TL abgeriebene Schale von 1 Bio-Zitrone
Salz | Pfeffer | 1 Bund Rucola
100 g Kräuterfrischkäse
10 Scheiben Vollkorntoast

**Für 10 Stück | 45 Min. Zubereitung**
**Pro Stück ca. 90 kcal, 4 g EW, 3 g F, 12 g KH**

**1** Die Steinpilze ca. 10 Min. in warmem Wasser einweichen. Inzwischen die Champignons trocken abreiben, putzen und fein hacken. Die Schalotte und die Knoblauchzehe schälen und fein hacken.

**2** Das Öl in einer Pfanne erhitzen. Die gehackten Pilze, Schalotte und Knoblauch darin bei starker Hitze ca. 3 Min. anbraten. Die eingeweichten Pilze ausdrücken, fein hacken und hinzufügen. Ca. 2 Min. unter Rühren weiterbraten, mit Thymian, Zitronenschale, Salz und Pfeffer würzen. In ein Sieb geben, abtropfen und abkühlen lassen.

**3** Den Rucola waschen und trocken schütteln, die groben Stiele entfernen. Eine Handvoll Blättchen beiseitelegen, den Rest grob hacken. Frischkäse, gehackten Rucola und Pilze vermengen.

**4** 5 Toastscheiben mit der Pilzcreme bestreichen, Rucola darauflegen und mit den übrigen Toasts abdecken. Die Ränder mit einem scharfen Messer entfernen und die Doppeltoasts diagonal teilen.



oben: Forellentaler | unten: Pilz-Tramezzini

pfeffrig

## Schnitzel-Canapés

120 g Semmelbrösel
1 ½ EL rosa Pfefferbeeren
4 EL Mehl | 1 Ei | 1 EL Milch
300 g Schweinefilet
Salz | neutrales Öl zum Ausbacken
ca. ⅓ Kopf Blattsalat (z. B. Lollo biondo)
¾ Baguette (ergibt 15 Scheiben)
40 g weiche Butter

**Für 15 Stück | 45 Min. Zubereitung**
**Pro Stück ca. 130 kcal, 7 g EW, 4 g F, 10 g KH**

**1** Für die Panade die Semmelbrösel und die rosa Pfefferbeeren in einen Frischhaltebeutel geben und mit einer Teigrolle (oder einer Flasche) darüberrollen, um den Pfeffer grob zu zerkleinern. Die Bröselmischung auf einen Teller, das Mehl auf einen anderen Teller geben. Das Ei mit einer Gabel in einem tiefen Teller mit der Milch verquirlen.

**2** Das Filet in 15 Scheiben schneiden, die Scheiben mit dem Handballen flach drücken und salzen. Jedes Schnitzel zuerst im Mehl wenden, dann durch das verschlagene Ei ziehen und schließlich in der Pfeffer-Brösel-Mischung wenden.

**3** In einer großen Pfanne ½ cm hoch Öl erhitzen. Die panierten Filetscheiben darin bei mittlerer Hitze von jeder Seite ca. 2 Min. goldbraun braten. Herausheben, auf Küchenpapier abkühlen lassen.

**4** Den Salat waschen, trocken tupfen und die Blätter in Stücke zupfen. Das Baguette in ca. 15 Scheiben schneiden, mit der Butter bestreichen und mit je 1 Salatblatt und Schnitzelchen belegen. Zum Servieren auf einer Platte anrichten.

mit scharfem Topping

## Pasteten-Canapés

**Für das Chutney**
200 g Cranberrys (frisch oder TK)
1 große Birne | ½ große rote Chilischote
1 Stück frischer Ingwer (ca. 3 cm)
50 g getrocknete Cranberrys
120 g brauner Zucker | 100 ml Balsamico bianco
1 kleine Zimtstange
1 Gewürznelke | ¼ TL Salz
**Für die Canapés**
1 Baguette (ergibt 20 Scheiben)
200 g grobe Leberpastete (z. B. Ardenner)

**Für 20 Stück | 45 Min. Zubereitung**
**Pro Stück ca. 105 kcal, 2 g EW, 3 g F, 17 g KH**

**1** Die Cranberrys waschen und abtropfen bzw. antauen lassen. Die Birne schälen, vom Kerngehäuse befreien und klein würfeln. Die Chili aufschneiden, entkernen, waschen und fein schneiden. Den Ingwer schälen und fein reiben.

**2** Alle vorbereiteten Zutaten mit den getrockneten Cranberrys, Zucker, Essig, Zimt, Nelke und Salz in einen Topf geben, aufkochen und ca. 25 Min. bei schwacher Hitze köcheln. Gelegentlich umrühren. Abkühlen lassen und die Zimtstange entfernen.

**3** Für die Canapés das Baguette in 20 Scheiben schneiden (Enden weglassen), mit der Leberpastete bestreichen und auf einer Platte anrichten. Kurz vor dem Servieren mit je ½ TL Chutney garnieren.

### GUT ZU WISSEN

**Das Chutney hält sich ca. 10 Tage und lässt sich daher gut vorbereiten. Es schmeckt auch zu kaltem Braten.**



oben: Schnitzel-Canapés | unten: Pasteten-Canapés

preiswert

# Pizzabrötchen

*Die saftig belegten, herrlich duftenden Knusperbrötchen sind ein perfekter Snack für einen entspannten Abend mit Freunden. Erst überbacken, wenn die Gäste da sind!*

5 Ciabatta-Brötchen zum Fertigbacken (je 60 g) | 2 Kugeln Mozzarella (je 125 g) | 2 Strauchtomaten | 4 Stiele Basilikum | Salz | Pfeffer | 4 EL Olivenöl | 2 Scheiben gekochter Schinken (ca. 40 g) | 1 kleine Dose Thunfisch naturell (56 g) | Backpapier für das Blech

Für 10 Stück
30 Min. Zubereitung | 10–12 Min. Backen
Pro Stück ca. 180 kcal, 9 g EW, 10 g F, 14 g KH

**1** Die Brötchen aufschneiden. Den Mozzarella abtropfen lassen und klein würfeln. Die Tomaten waschen, quer halbieren, Kerne und Stielansätze entfernen und die Hälften fein würfeln. Das Basilikum waschen, trocken schütteln und die Blätter fein schneiden. Alles in einer Schüssel mischen, salzen, pfeffern und das Olivenöl unterrühren.

**2** Den Backofen auf 200° vorheizen, ein Blech mit Backpapier belegen. Knapp die Hälfte der Mozzarellamischung auf 4 Brötchenhälften geben und festdrücken (geht am besten mit den Händen).

**3** Die übrige Mozzarellamischung teilen: Für eine Hälfte den Schinken in feine Streifen schneiden, untermengen und 3 Brötchenhälften damit belegen. Für die andere Hälfte den Thunfisch abtropfen lassen, mit einer Gabel zerpflücken, untermengen und die übrigen 3 Brötchenhälften damit belegen.

**4** Die Pizzabrötchen auf das Blech geben und im heißen Backofen (oben, Umluft 180°) 10–12 Min. überbacken, bis der Mozzarella geschmolzen und die Oberfläche leicht gebräunt ist. Heiß servieren.

gelingt ganz leicht

## Salsiccia-Crostini

200 g rohe Salsicce (italienische Würste) | 250 g Ricotta (italienischer Frischkäse) | ½ TL getrockneter Oregano | Salz | 1 Ciabatta-Brot (ergibt 12 Scheiben) | Pfeffer | Backpapier für das Blech

**Für 12 Stück | 30 Min. Zubereitung**
**Pro Stück ca. 150 kcal, 6 g EW, 9 g F, 12 g KH**

**1** Den Backofen auf 200° vorheizen, ein Blech mit Backpapier belegen. Die Salsicce aus der Haut drücken und klein schneiden. Mit Ricotta und Oregano vermengen und die Masse mit Salz abschmecken.

**2** Das Ciabatta-Brot in 12 nicht zu dünne Scheiben schneiden (Enden weglassen). Die Brotscheiben dick mit der Creme bestreichen und auf dem Blech verteilen. Im heißen Ofen (oben, Umluft 180°) 6–8 Min. überbacken, bis die Oberfläche beginnt, goldbraun zu werden. Herausnehmen und ein wenig Pfeffer darübermahlen. Heiß servieren.

vegetarisch

## Ziegenkäse-Crostini

300 g Ziegenweichkäse | 8 getrocknete Datteln | 2 Frühlingszwiebeln | 3 EL Pinienkerne | ⅓ TL gemahlener Kardamom | Pfeffer | 1 großes Baguette (ergibt 24 Scheiben) | Backpapier für das Blech

**Für 24 Stück | 30 Min. Zubereitung**
**Pro Stück ca. 80 kcal, 3 g EW, 4 g F, 8 g KH**

**1** Den Ziegenkäse klein würfeln. Datteln entsteinen und klein schneiden. Frühlingszwiebeln putzen (dunkelgrüne Teile entfernen), waschen und fein schneiden. Alles mit Pinienkernen mischen und die Masse mit Kardamom und Pfeffer abschmecken.

**2** Den Backofen auf 200° vorheizen, ein Blech mit Backpapier belegen. Das Baguette in 24 Scheiben schneiden und mit der Käsemischung bestreichen. Nebeneinander auf das Backblech legen und die Crostini in 6–7 Min. im heißen Ofen (oben, Umluft 180°) goldbraun backen. Heiß servieren.

orientalisch

## Hackfleischtaschen

6 längliche Scheiben TK-Blätterteig (450 g)
3 Frühlingszwiebeln | 1 Knoblauchzehe
4 Soft-Aprikosen | 6 Walnusshälften
300 g Rinderhackfleisch
1 TL gemahlener Kreuzkümmel
½ TL Chiliflocken | ½ TL Salz | 1 Eigelb
1 EL Milch | Backpapier für das Blech

**Für 12 Stück**
**30 Min. Zubereitung | 20 Min. Backen**
**Pro Stück ca. 85 kcal, 9 g EW, 15 g F, 15 g KH**

**1** Die Blätterteigscheiben nebeneinander auf der Arbeitsfläche bei Zimmertemperatur auftauen lassen, dann mit einem scharfen Messer halbieren, sodass 12 Quadrate entstehen.

**2** Die Frühlingszwiebeln putzen (dunkelgrüne Teile entfernen), waschen und in feine Ringe schneiden. Knoblauch schälen und fein hacken. Soft-Aprikosen und Walnüsse fein würfeln. Alles mit Hackfleisch, Kreuzkümmel, Chiliflocken und Salz verkneten.

**3** Den Backofen auf 200° vorheizen. Ein Backblech mit Backpapier belegen. Aus der Hackfleischmasse je ca. 1 EL abnehmen, zu einem walnussgroßen Bällchen formen und auf eine Seite der Blätterteigrechtecke legen. Die andere Teighälfte über die Füllung schlagen und die Ränder mit einer Gabel zusammendrücken, damit nichts herausquillt.

**4** Die Blätterteigtäschchen auf das Blech legen. Das Eigelb mit der Milch verquirlen und die Taschen damit einpinseln. Im heißen Ofen (Mitte, Umluft nicht empfehlenswert) in ca. 20 Min. goldbraun backen. Warm oder kalt servieren.

knusprig

## Lauchpastetchen

2 Stangen Lauch (ca. 300 g)
40 g Bacon (in Scheiben) | 1 EL neutrales Öl
6 längliche Scheiben TK-Blätterteig (450 g)
2 Eier | 150 g Crème fraîche | Salz
Pfeffer | frisch geriebene Muskatnuss
etwas Butter und Mehl für die Form

**Für eine 12er-Muffinform (für 12 Stück)**
**1 Std. Zubereitung | 20 Min. Backen**
**Pro Stück ca. 230 kcal, 4 g EW, 18 g F, 14 g KH**

**1** Lauch längs aufschneiden, gut waschen und in Ringe schneiden. Bacon sehr fein würfeln. Öl in einer Pfanne erhitzen und Lauch und Bacon bei mittlerer Hitze 2–3 Min. andünsten. In ein Sieb geben, abtropfen und lauwarm abkühlen lassen. Blätterteigscheiben nebeneinander auftauen.

**2** Den Ofen auf 200° vorheizen. Die Mulden der Muffinform ausbuttern und mit Mehl ausstäuben. Aus den Teigscheiben jeweils 2 Kreise von 8 cm Ø ausstechen und in die Mulden drücken.

**3** Die Lauchmischung einfüllen. Eier und Crème fraîche verquirlen, mit Salz, Pfeffer und Muskat würzen. Über den Lauch gießen, dabei darauf achten, dass der Blätterteigrand frei bleibt und knusprig aufgehen kann. Im heißen Ofen (Mitte, Umluft nicht empfehlenswert) ca. 20 Min. backen. Die Lauchpastetchen lauwarm abgekühlt aus den Mulden lösen.

### SPEED-TIPP

**Blätterteigscheiben in Dreiecke schneiden, mit Bacon und Lauch belegen, zu Hörnchen aufrollen und wie beschrieben im Ofen backen.**



oben: Hackfleischtaschen | unten: Lauchpastetchen

herbstlich

# Kürbiskuchen mit Schafskäse

*Ein pikanter Blechkuchen macht zwar ein wenig Arbeit, schmeckt aber immer. Besonders, wenn er mit solch knusprigem Boden und saftigem Belag daherkommt.*

420 g Mehl | 2 Eier | 2 Eigelb
Salz | 200 g kalte Butter
1,3 kg Muskatkürbis (ergibt ca. 1 kg geputzt)
je 2 Zwiebeln und Knoblauchzehen
1 Bund mediterrane Kräuter (z. B. Thymian, Rosmarin, Basilikum, Oregano)
6 getrocknete, in Öl eingelegte Tomaten
+ 4 EL Einlegeöl
Pfeffer | 200 g Schafskäse
Mehl zum Verarbeiten | Backpapier für das Blech

**Für ein Blech (40 x 26 cm; für 24 Stücke)**
**1 Std. Zubereitung | 50 Min. Backen**
**Pro Stück ca. 200 kcal, 5 g EW, 12 g F, 16 g KH**

1 Das Mehl auf die Arbeitsfläche sieben. Eier, Eigelbe und ½ TL Salz daraufgeben. Die Butter klein würfeln, alles zu einem glatten Teig verkneten. In Folie gewickelt ca. 30 Min. kühl stellen.

2 Inzwischen das Kürbisfleisch putzen (Schale, Kerne und Fasern entfernen) und klein würfeln. Zwiebeln und Knoblauch schälen und fein hacken. Die Kräuter waschen, trocken schütteln und die Blätter bzw. Nadeln fein hacken. Die getrockneten Tomaten abtropfen lassen und fein hacken.

3 Das Tomateneinlegeöl in einer großen Pfanne erhitzen. Kürbis, Zwiebel und Knoblauch darin unter Rühren ca. 5 Min. bei mittlerer Hitze braten. Kräuter und Tomaten untermengen, mit Salz und Pfeffer würzen. In ein Sieb geben und abkühlen lassen.

4 Den Backofen auf 180° vorheizen, das Blech mit Backpapier belegen. Den Teig auf der bemehlten Arbeitsfläche etwas größer als das Blech ausrollen, darauflegen und einen kleinen Rand formen. Die Kürbismischung darauf verteilen und den Schafskäse darüberbröckeln. Im heißen Ofen (Mitte, Umluft 160°) ca. 50 Min. backen. Ausgekühlt in 24 Stücke schneiden und auf einer Platte anrichten.

## VARIANTE – GEMÜSEKUCHEN

600 g TK-Brokkoli auftauen lassen und den Teig wie angegeben zubereiten. 4 Zucchini (ca. 600 g) waschen, ohne Stielansatz in Längsscheiben und diese quer in Stifte schneiden. 4 große Möhren (ca. 400 g) schälen und ebenso in Stifte schneiden. 1 Zwiebel schälen und fein hacken. Erst Möhren und Zwiebel, dann Zucchini in jeweils 2 EL neutralem Öl bei mittlerer Hitze 3–4 Min. braten. Das Gemüse mit Salz und Pfeffer würzen und zum Abtropfen und lauwarm Abkühlen in ein Sieb geben. Die Brokkolistiele klein schneiden, die Röschen zerteilen und unter das übrige Gemüse mischen.

Den Backofen auf 180° vorheizen. Den Teig wie beschrieben ausrollen, auf das Blech legen und das Gemüse darauf verteilen. 4 Eier mit 400 g Sahne verquirlen, kräftig mit Salz, Pfeffer und frisch geriebener Muskatnuss würzen. Nach Belieben 1–2 Knoblauchzehen schälen und dazupressen. Über das Gemüse gießen und 100 g geraspelten Gratinkäse darüber verteilen. Den Gemüsekuchen im heißen Ofen (Mitte, Umluft 160°) ca. 1 Std. backen. Lauwarm abgekühlt in 24 Stücke schneiden und auf dem Blech servieren oder auf einer Platte anrichten.

macht was her

# Schinkengugelhupf mit Würzbutter

*Durch den Aufstrich mit getrockneten Tomaten und frischem Basilikum wird der pikante Gugelhupf aus buttrigem Briocheteig erst perfekt.*

**Für den Gugelhupf**
500 g Mehl
1 Würfel Hefe (42 g)
1 TL Zucker
¼ l lauwarme Milch
2 EL Pinienkerne
80 g Parmaschinken (oder anderer luftgetrockneter Schinken)
12 getrocknete schwarze Oliven
100 g weiche Butter
2 Eier
1 TL Salz
1 TL getrockneter Thymian
Butter und Mehl für die Form
**Für die Butter**
12 getrocknete, in Öl eingelegte Tomaten
1 kleines Bund Basilikum
200 g weiche Butter
Salz | Pfeffer

**Für eine Gugelhupfform mit 2 l Inhalt (für 16 Stück)**
**25 Min. Zubereitung**
**1 Std. 10 Min. Gehen | 50 Min. Backen**
**Pro Stück ca. 325 kcal, 7 g EW, 22 g F, 25 g KH**

**1** Das Mehl in eine Schüssel sieben, in der Mitte eine Mulde eindrücken. Die Hefe mit dem Zucker in der Milch auflösen und in die Mulde gießen. Den Vorteig zugedeckt an einem warmen Ort ohne Zugluft ca. 15 Min. gehen lassen.

**2** Inzwischen die Pinienkerne grob hacken und den Schinken in kleine Würfel schneiden. Die Oliven bei Bedarf entsteinen und fein würfeln.

**3** Mehl und Hefemilch mit den Knethaken des Handrührgeräts (oder in der Küchenmaschine) ca. 2 Min. verkneten. Weiche Butter, Eier, Salz und Thymian hinzufügen und alles 3–4 Min. weiterkneten, bis eine glänzende Teigkugel entstanden ist. Pinienkerne, Schinken und Oliven zum Teig geben und unterschlagen, bis alles gut verteilt ist. Mit Mehl bestäuben und zugedeckt noch ca. 45 Min. gehen lassen (warmer Ort, keine Zugluft).

**4** Für die Butter die Tomaten abtropfen lassen und fein würfeln. Basilikum waschen, trocken schütteln und die Blätter fein schneiden. Beides mit einer Gabel unter die Butter mengen und mit Salz und Pfeffer abschmecken, bis zur Party kühl stellen.

**5** Den Backofen auf 180° vorheizen, die Form ausbuttern und mit Mehl ausstäuben. Den Teig zu einem Strang formen und in die Form legen. Zugedeckt weitere 10 Min. gehen lassen. Im heißen Ofen (Mitte, Umluft 160°) ca. 50 Min. backen. Den fertigen Gugelhupf aus dem Ofen nehmen und ca. 10 Min. abkühlen lassen, dann auf ein Kuchengitter stürzen und vollständig abkühlen lassen.

**6** Den Gugelhupf in 16 Stücke schneiden. Die Butter in einer kleinen Schüssel mit einem Messer dazustellen, sodass jeder Gast sein Stück damit bestreichen und aus der Hand essen kann.

# Salate & kalte Platten

In diesem Kapitel erwartet Sie Feines zum Aufgabeln: Fruchtig-frische wie gehaltvoll-sättigende Salate, dazu selbst gebeizter Lachs und delikate Braten mit passendem Dip, Pesto oder Chutney. Mein aktueller Favorit hier besticht durch einfachste Zubereitung und ein ungewöhnliches Aroma. Unbedingt ausprobieren!

# Mango-Mozzarella-Platte

1 Stängel Zitronengras
1 große grüne Chilischote
4 EL frisch gepresster Limettensaft
½ TL Salz | 1 TL Zucker | 2 EL Walnussöl
3 Kugeln Mozzarella (je 125 g)
3 Mangos (je ca. 350 g)
40 g geröstete, gesalzene Macadamianüsse

**Für 10 Portionen | 25 Min. Zubereitung**
**Pro Portion ca. 180 kcal, 8 g EW, 13 g F, 9 g KH**

1 Zitronengras von äußeren harten Blättern befreien, das untere weiche Drittel sehr fein hacken. Die Chilischote längs aufschneiden und entkernen, die Hälften waschen und in kleine Würfel schneiden.

2 Den Limettensaft mit Salz und Zucker verrühren, bis sich beides darin aufgelöst hat. Zitronengras und Chili unterrühren und das Öl unterschlagen.

3 Mozzarella abtropfen lassen und in Scheiben schneiden. Die Mangos schälen, das Fruchtfleisch vom Stein und in Spalten schneiden. Die Mozzarella- und Mangoscheiben im Wechsel dachziegelförmig überlappend auf einer Platte anrichten und das Dressing darüberträufeln.

4 Die Macadamianüsse grob hacken und kurz vor dem Servieren über den Salat streuen.

VARIANTE – CAPRESE

Für den Klassiker ersetzen Sie die Mangos durch Tomaten: 1 kg reife Strauchtomaten waschen und ohne Stielansatz in Scheiben schneiden. Im Wechsel mit den Mozzarellascheiben auf einer Platte anrichten, salzen und pfeffern. 2 Bund Basilikum waschen, trocken schütteln und die Blätter abzupfen. Über Tomaten und Mozzarella streuen und anstelle des Dressings alles großzügig mit gutem Olivenöl (ca. 12 EL) beträufeln.

macht satt

## Spanischer Kartoffelsalat

1,5 kg große festkochende Kartoffeln
6 Eier
2 Dosen Thunfisch (in Öl, je 185 g)
150 g grüne Oliven (ohne Stein)
1 rote Zwiebel | Salz
120 g Salatcreme (23 % Fettgehalt)
2 EL mittelscharfer Senf

Für 12 Portionen | 1 Std. Zubereitung
Pro Portion ca. 225 kcal, 13 g EW, 12 g F, 17 g KH

1 Die Kartoffeln waschen, in einem Topf mit Wasser bedecken und in ca. 25 Min. weich kochen. Gleichzeitig die Eier in einem Topf in ca. 10 Min. hart kochen, abkühlen lassen und pellen.

2 Den Thunfisch in ein Sieb abgießen, abtropfen lassen und mit einer Gabel grob zerpflücken. Die Oliven abtropfen lassen und in Scheiben schneiden. Die Zwiebel schälen, längs halbieren und die Hälften in feine Spalten schneiden.

3 Die Kartoffeln abgießen, ausdampfen lassen, noch warm pellen und in ca. ½ cm große Würfel schneiden. Die Eier grob hacken. Kartoffeln und Eier leicht salzen. Die Salatcreme in einer Schüssel mit dem Senf verrühren. Kartoffeln, Eier, Thunfisch, Oliven und Zwiebeln untermengen. Den Kartoffelsalat portionsweise servieren.

### VARIANTE – MIT BUNTEM GEMÜSE

Für eine bunte Variante den Kartoffelsalat noch mit 150 g TK-Erbsen (ca. 3 Min. in Salzwasser blanchiert und abgetropft) und mit je 1 in feine Würfel geschnittenen roten und gelben Paprikaschote anreichern.

kräuter-würzig

## Italienischer Nudelsalat

50 g Pinienkerne | 50 g Parmesan (am Stück)
1 Bund Basilikum | 1 großes Bund Rucola
6 EL Olivenöl | Salz | Pfeffer
1 Spritzer frisch gepresster Zitronensaft
500 g Nudeln (z. B. Spiralen, Penne, Rädchen)
200 g Kirschtomaten | 2 EL Balsamico bianco
150 g schwarze Oliven

Für 10 Portionen | 40 Min. Zubereitung
Pro Portion ca. 310 kcal, 8 g EW, 13 g F, 38 g KH

1 Die Pinienkerne ohne Fett bei schwacher Hitze rösten und abkühlen lassen. Die Hälfte des Parmesans fein reiben. Basilikum und Rucola waschen, trocken schütteln und die groben Stiele entfernen. Basilikum und die Hälfte der Rucolablätter in ein hohes Aufschlaggefäß geben. Die Hälfte der gerösteten Pinienkerne und 4 EL Olivenöl dazugeben und alles mit dem Pürierstab fein mixen. Den geriebenen Parmesan unterrühren und das Pesto mit Salz, Pfeffer und Zitronensaft abschmecken.

2 In einem großen Topf 5 l Wasser mit 5 TL Salz aufkochen. Die Nudeln darin nach Packungsangabe in ca. 10 Min. bissfest garen. Das Pesto in eine Schüssel geben, 4 EL Nudelkochwasser unterrühren. Die Nudeln in ein Sieb abgießen, kalt überbrausen und kurz abtropfen lassen, dann in der Schüssel sorgfältig mit dem Pesto vermischen.

3 Die Kirschtomaten waschen und halbieren. Mit Salz, Pfeffer, Essig und übrigem Öl anmachen. Mit Oliven, übrigen Pinienkernen und Rucola unter die Nudeln mischen. Zum Servieren den übrigen Parmesan mit dem Sparschäler darüberhobeln.



oben: Spanischer Kartoffelsalat | unten: Italienischer Nudelsalat

asiatisch inspiriert

# Linsen-Kokos-Salat

*Geriebener Ingwer und geröstete Kokoschips verleihen dem Salat das gewisse Etwas. Liebhaber der asiatischen Küche werden schwelgen!*

250 g gelbe Linsen (ohne Einweichen) | Salz | 3 Frühlingszwiebeln | 1 rote Paprikaschote | 1 Stück frischer Ingwer (4–5 cm) | 4 EL frisch gepresster Limettensaft | ½ TL Zucker | 2 EL neutrales Öl | 50 g Kokoschips (aus dem Bioladen, ersatzweise Kokosraspel)

**Für 8 Portionen**
**30 Min. Zubereitung | 1 Std. Marinieren**
**Pro Portion ca. 135 kcal, 8 g EW, 4 g F, 15 g KH**

1 Die Linsen mit ½ l Wasser in einem Topf aufkochen, umrühren und zugedeckt bei schwacher Hitze nach Packungsangabe in 10–12 Min. bissfest kochen. Kurz vor Garzeitende ½ TL Salz hinzufügen. Den Topf vom Herd nehmen und die Linsen lauwarm abkühlen lassen.

2 Inzwischen die Frühlingszwiebeln waschen, putzen und schräg in sehr feine Ringe schneiden. Die Paprikaschote halbieren, weiße Trennwände und Kerne entfernen, die Hälften waschen und in sehr kleine Würfel schneiden.

3 Für das Dressing den Ingwer schälen und fein reiben. Limettensaft, Ingwer, ½ TL Salz und den Zucker verrühren und das Öl unterschlagen. Frühlingszwiebeln, Paprika und Linsen untermengen und alles zugedeckt ca. 1 Std. durchziehen lassen.

4 Inzwischen die Kokoschips in einer Pfanne ohne Fett bei schwacher Hitze goldbraun rösten. Beiseitestellen und abkühlen lassen. Den Linsensalat vor dem Servieren eventuell mit ein wenig Salz nachwürzen. Zum Schluss die gerösteten Kokoschips zerbröseln und untermischen.

mit kernigem Topping

## Möhren-Apfel-Salat

2 EL Sonnenblumenkerne | frisch gepresster Saft von 1 Orange | 1 TL Salz | 1/3 TL Cayennepfeffer | 1 TL Honig | 2 EL Sonnenblumenöl (oder neutrales Öl) | 800 g Möhren | 2 säuerliche Äpfel (z. B. Boskop) | 2 Stiele Petersilie oder Minze

Für 12 Portionen | 30 Min. Zubereitung
Pro Portion ca. 55 kcal, 1 g EW, 3 g F, 6 g KH

1 Die Sonnenblumenkerne in einem Pfännchen ohne Fett bei schwacher Hitze rösten. Den Orangensaft in einer Schüssel mit Salz, Cayennepfeffer und Honig verrühren und das Öl unterschlagen.

2 Die Möhren schälen und grob raspeln. Die Äpfel vierteln, schälen, vom Kerngehäuse befreien und ebenfalls grob raspeln. Beides sofort unter das Dressing mengen. Petersilie oder Minze waschen, trocken schütteln und die Blätter fein schneiden. Die Kräuter unter den Möhren-Apfel-Salat mischen, vor dem Servieren die gerösteten Kerne aufstreuen oder zum Salat dazu stellen.

fruchtig

## Rotkohl-Trauben-Salat

700 g Rotkohl (ergibt ca. 600 g geputzt) | Salz | 300 g kernlose Trauben (hell oder rot) | 80 g Walnusshälften | 3 EL Himbeeressig | 1/2 TL Zucker | 1 TL mittelscharfer Senf | 5 EL Walnussöl

Für 12 Portionen | 30 Min. Zubereitung
Pro Portion ca. 110 kcal, 2 g EW, 9 g F, 7 g KH

1 Den Rotkohl eventuell von äußeren Blättern befreien und ohne Strunk in feine Streifen schneiden oder hobeln. In einer Schüssel mit 1/2 TL Salz bestreuen und ca. 2 Min. kräftig mit der Hand durchkneten. Die Trauben waschen, von den Rispen zupfen und halbieren. Die Walnüsse grob hacken.

2 In einer Schüssel den Himbeeressig mit Zucker, Senf und 1/2 TL Salz verrühren und das Walnussöl unterschlagen, bis eine cremige Emulsion entstanden ist. Den Rotkohl und die Trauben unter das Dressing mischen. Zum Servieren die gehackten Walnüsse unter den Salat mengen.

orientalisch inspiriert

# Hirsesalat mit Granatapfel

250 g Hirse | 1 Granatapfel
je 1 gelbe und rote Paprikaschote
1 Bund Frühlingszwiebeln
100 ml frisch gepresster Orangensaft
1 TL Salz | ½ TL Cayennepfeffer
1 EL Honig | 3 EL Walnussöl

**Für 12 Portionen | 45 Min. Zubereitung**
**Pro Portion ca. 125 kcal, 3 g EW, 4 g F, 20 g KH**

1 Die Hirse in ein Sieb geben und mit kaltem Wasser abbrausen. Mit 700 ml Wasser in einen Topf geben, aufkochen und nach Packungsangabe ca. 20 Min. zugedeckt bei schwacher Hitze kochen lassen. Den Topf vom Herd nehmen und die Hirse erst weitere 10 Min. zugedeckt quellen, dann ohne Deckel lauwarm abkühlen lassen.

2 Inzwischen den Granatapfel aufbrechen und die Kerne über einer Schüssel herauslösen. In einem Sieb abtropfen lassen und die harten weißen Trennwände sorgfältig aussortieren. Die Paprikaschoten halbieren, weiße Trennwände und Kerne entfernen, die Hälften waschen und in kleine Würfel schneiden. Die Frühlingszwiebeln putzen, waschen und schräg in feine Ringe schneiden.

3 Den Orangensaft in einer Schüssel mit dem Salz, Cayennepfeffer und Honig verrühren und das Walnussöl unterschlagen. Paprikawürfelchen, Frühlingszwiebeln und Granatapfelkerne untermischen. Die lauwarme Hirse untermengen. Den Salat abgekühlt in Schalen oder Gläsern servieren.

asiatisch

# Glasnudelsalat mit Garnelen

200 g Glasnudeln | 1 kleine Salatgurke
150 g Kirschtomaten | 1 Bund Frühlingszwiebeln
je 1 Bund Koriandergrün und Petersilie
1 große rote Chilischote
4 EL frisch gepresster Limettensaft | ½ TL Salz
1 TL Zucker | 1 EL geröstetes Sesamöl
3 EL neutrales Öl | 300 g gegarte Partygambas
1–2 Bio-Limetten

**Für 10 Portionen**
**30 Min. Zubereitung | 1 Std. Marinieren**
**Pro Portion ca. 160 kcal, 8 g EW, 5 g F, 20 g KH**

1 Glasnudeln in einer Schüssel mit kochendem Wasser übergießen, ca. 3 Min. ziehen lassen, durch ein Sieb abgießen und lauwarm abkühlen lassen.

2 Salatgurke schälen und längs teilen, die Kerne herauskratzen und die Hälften in dünne Halbmonde schneiden. Tomaten waschen und halbieren. Frühlingszwiebeln putzen, waschen und schräg in Ringe schneiden. Kräuter waschen und trocken schütteln, die Blätter grob schneiden. Chili aufschneiden, entkernen, waschen und fein schneiden.

3 Limettensaft in einer Schüssel mit Salz und Zucker verrühren. Beide Ölsorten unterschlagen, Chili und Kräuter dazugeben. Glasnudeln mit der Küchenschere in mundgerechte Stücke schneiden und mit Gurken, Tomaten, Frühlingszwiebeln und Gambas untermischen. Die Limetten waschen, abtrocknen und in Scheiben schneiden. Den Salat in 10 Gläser füllen und mit den Limetten garnieren.



links: Hirsesalat mit Granatapfel | rechts: Glasnudelsalat mit Garnelen

zwei Tage vorher beginnen

# Graved Lachs mit Limetten-Senf-Dip

*Der selbst gebeizte Lachs wird zum Prunkstück Ihres Partybüfetts und lässt sich ganz einfach zubereiten. Bestellen Sie das Lachsstück rechtzeitig im Fachhandel!*

**Für den Lachs**
1 frische Lachsseite mit Haut (ca. 1,2 kg) | 2 ½ Bund Dill | 1 TL weiße Pfefferkörner | 1 TL Korianderkörner | 3 EL Salz | 1 EL Zucker
**Für den Dip**
2 Bio-Limetten | ½ Bund Dill | 3–4 EL Honig | 150 g Frischkäse | 4 EL mittelscharfer Senf | Salz

**Für 12 Portionen**
**30 Min. Zubereitung | 48 Std. Beizen**
**Pro Portion ca. 240 kcal, 22 g EW, 15 g F, 4 g KH**

1 Die Lachsseite kalt abwaschen, trocken tupfen und eventuell vorhandene Gräten mit der Pinzette entfernen. Den Dill waschen, trocken schütteln und die Spitzen fein schneiden. Pfefferkörner und Korianderkörner im Mörser grob zerstoßen und mit Salz, Zucker und Dill vermischen.

2 Den Lachs mit der Hautseite nach unten in eine passende Form legen. Die Gewürzmischung daraufgeben und den Lachs mit Klarsichtfolie abdecken. Alles mit einem Brett beschweren und den Lachs ca. 48 Std. im Kühlschrank durchziehen lassen.

3 Für den Dip die Limetten heiß abwaschen und abtrocknen. Die Schale mit einem Sparschäler dünn abschälen und diese in feine Streifen schneiden, den Saft auspressen. Dill waschen, trocken schütteln und die Spitzen fein schneiden. Honig, Frischkäse, Senf und Limettensaft glatt rühren. Dill und Limettenschale unterrühren, mit Salz abschmecken.

4 Zum Servieren die Lachsseite bei Bedarf trocken tupfen, auf ein Servierbrett legen und die Gewürzmischung abstreifen. Mit einem scharfen Messer mit schmaler Klinge schräg dünne Scheiben abschneiden. Den Dip dazu servieren.

geht schnell

## Matjesplatte

1 TL Senfkörner | ½ TL weiße Pfefferkörner | 1 TL Zucker | Salz | frisch gepresster Saft von 1 Zitrone | 300 g Crème fraîche | 1 säuerlicher Apfel | 1 weiße Zwiebel | 10 Matjesfilets (ca. 750 g) | 1 Kästchen Kresse (nach Belieben)

**Für 10 Portionen | 20 Min. Zubereitung**
**Pro Portion ca. 330 kcal, 13 g EW, 29 g F, 3 g KH**

1 Senf- und Pfefferkörner, Zucker und ⅓ TL Salz zusammen im Mörser fein zerstoßen. Mit dem Zitronensaft unter die Crème fraîche rühren.

2 Den Apfel schälen, vom Kerngehäuse befreien und in feine Stifte schneiden. Die Zwiebel schälen, längs vierteln und in feine Scheiben schneiden. Beides unter die Creme rühren. Die Matjesfilets trocken tupfen, auf einer Platte anrichten und mit der Apfelmischung überziehen. Falls verwendet, die Kresse vom Beet schneiden und darüberstreuen. Dazu schmeckt Vollkornbrot besonders gut.

beschwipst

## Schinkenplatte

je 1 Cantaloup- und Galia-Melone | 100 ml trockener Sherry (oder frisch gepresster Orangensaft) | 400 g luftgetrockneter Schinken (Serrano, Parma oder San Daniele) | 100 g Bresaola (oder Bündner Fleisch) | Partyspießchen oder Holzzahnstocher

**Für 10 Portionen**
**25 Min. Zubereitung | 2 Std. Marinieren**
**Pro Portion ca. 175 kcal, 37 g EW, 5 g F, 16 g KH**

1 Die Melonen halbieren, die Kerne herauskratzen. Das Fruchtfleisch mit einem Kugelausstecher herausschneiden. Melonenkugeln mit Sherry in einer Schüssel mit Deckel ca. 2 Std. ziehen lassen. Ab und zu sanft rütteln, damit alles gut mariniert wird.

2 Zum Servieren Melonenkugeln in eine Schale geben (Spießchen zum Aufpieksen dazulegen) und diese auf einer Platte platzieren. Schinken und Bresaola locker um die Schale herum anrichten.

zart und saftig

# Roastbeef mit Thai-Pesto

*Der Braten und das Pesto lassen sich gut schon am Vortag vorbereiten – perfekt für eine große Party, bei der am Festtag jede Menge zu tun ist.*

**Für das Roastbeef**
1,5 kg Roastbeef | Salz
1 EL mittelscharfer Senf
2 EL neutrales Öl | Pfeffer
**Für das Thai-Pesto**
2 Bund Koriandergrün
1 Bund süßes Thai-Basilikum (aus dem Asienladen, ersatzweise Babyspinat)
1 Stück frischer Ingwer (ca. 3 cm)
1 Knoblauchzehe
2–4 kleine grüne Thai-Chilischoten
100 g geröstete gesalzene Cashewkerne
6 EL frisch gepresster Limettensaft
1 TL Zucker
8 EL neutrales Öl | Salz

Für 12 Portionen
40 Min. Zubereitung | 3 Std. Garen
Pro Portion ca. 300 kcal, 30 g EW, 18 g F, 4 g KH

1 Das Fleisch ca. 1 Std. vor dem Anbraten aus dem Kühlschrank nehmen, damit es Zimmertemperatur annimmt. Eine ofenfeste Form auf das Backofengitter (mittlere Einschubleiste) stellen und den Backofen auf 80° vorheizen. Roastbeef von Häutchen, Fett und Sehnen befreien und trocken tupfen. Rundherum salzen und mit dem Senf einreiben.

2 Eine große Pfanne erhitzen, das Öl hineingeben und das Roastbeef darin bei mittlerer Hitze von allen Seiten, auch an den Enden, in 8–10 Min. braun anbraten. Den Braten pfeffern, in die Form im Backofen legen und ca. 3 Std. garen. Dann herausnehmen, in Alufolie wickeln und abkühlen lassen.

3 Inzwischen für das Pesto die Kräuter waschen, trocken schütteln und grobe Stiele entfernen. Ingwer und Knoblauch schälen und fein hacken. Die Chilis (Menge nach gewünschter Schärfe) waschen und vom Stielansatz befreien. Alles mit Cashewkernen, Limettensaft, Zucker und Öl im Mixer (oder einem hohen Aufschlaggefäß mit dem Pürierstab) fein pürieren. Das Pesto mit Salz abschmecken.

4 Das Roastbeef mit einem scharfen Messer (oder einer Aufschnittmaschine) in dünne Scheiben schneiden und auf einer Platte anrichten. Das Thai-Pesto in einer Schale zum Roastbeef reichen.

## VARIANTE MIT SCHWEINEFLEISCH

Mit der Niedrigtemperaturmethode lässt sich auch ein Rosmarinbraten gut am Vortag zubereiten. Den Backofen samt einer flachen ofenfesten Form auf 80° vorheizen. 1,2 kg Schweinelende (ausgelöstes Kotelettstück, ohne Haut) salzen und mit 1 EL mittelscharfem Senf einreiben. Rundherum in 8–10 Min. in 2 EL Öl anbraten. 1 großes Bund Rosmarin waschen, trocken schütteln und in Zweige teilen. Die Hälfte davon in die Form legen. Den Braten pfeffern, darauflegen und mit dem übrigen Rosmarin belegen. Ca. 3 Std. garen. Die Rosmarinzweige entfernen und den Braten in Alufolie gewickelt abkühlen lassen. Braten aufschneiden und auf einer Platte anrichten. Dazu schmeckt Mango-Chutney (aus dem Glas).

# Aus Pfanne, Topf & Ofen

Ob feines Süppchen oder herzhafter Eintopf, ob exotisches Curry oder Knuspriges vom Blech – die warmen Leckereien auf den folgenden Seiten bereichern Ihre Party nicht nur in der kühleren Jahreszeit. Natürlich dürfen dabei Klassiker wie pikante Hackbällchen, Gulaschsuppe und Chili con carne nicht fehlen.

## Kürbis-Apfel-Suppe

2 kg Kürbis (z. B. Muskatkürbis; ergibt ca. 1,5 kg geputzt)
2 Zwiebeln
2 Knoblauchzehen
40 g Ingwer
2 säuerliche Äpfel
2 EL Butterschmalz
2 TL gekörnte Gemüsebrühe
2 TL Salz | 1 TL Cayennepfeffer
3–4 EL frisch gepresster Zitronensaft
12 EL Kürbiskernöl

Für 12 Portionen | 45 Min. Zubereitung
Pro Portion ca. 150 kcal, 2 g EW, 12 g F, 9 g KH

1 Den Kürbis (ohne Schale, Kerne und Fasern) grob würfeln. Zwiebeln, Knoblauch und Ingwer schälen und fein hacken. Die Äpfel schälen, vom Kerngehäuse befreien und klein schneiden.

2 Butterschmalz in einem Suppentopf schmelzen. Zwiebeln, Knoblauch und Ingwer darin ca. 1 Min. anbraten. Kürbis und Äpfel hinzufügen und ca. 2 Min. unter Rühren mitbraten. Mit 1,6 l Wasser ablöschen. Gemüsebrühe, 1 ½ TL Salz und 1 TL Cayennepfeffer hinzufügen. Die Suppe aufkochen und bei mittlerer Hitze zugedeckt ca. 20 Min. kochen lassen.

3 Die Suppe mit dem Pürierstab fein mixen und mit etwas Zitronensaft, Salz und Cayennepfeffer abschmecken. Zum Servieren in Schalen verteilen und jeweils 1 EL Kürbiskernöl darüberträufeln.

### AUSTAUSCH-TIPPS

Statt Kürbis können Sie auch Möhren für die Suppe verwenden. Und als Topping schmecken knusprige Kräutercroûtons: 6 Scheiben altbackenes Toastbrot entrinden und in ca. ½ cm große Würfel schneiden. Mit 2 EL frisch gehackten Kräutern in 4 EL Olivenöl goldbraun rösten.

kokosnussig scharf

# Thai-Suppe

500 g Hähnchenbrustfilets
5–6 EL Fischsauce (oder helle Sojasauce)
300 g Austernpilzkappen
200 g Kirschtomaten
1 Stück frischer Ingwer (ca. 6 cm)
4 Stängel Zitronengras | 2 grüne Chilischoten
8 Kaffirlimettenblätter (aus dem Asienladen)
2 Dosen Kokosmilch (je 400 ml)
5–6 EL frisch gepresster Limettensaft

Für 10 Portionen | 30 Min. Zubereitung
Pro Portion ca. 205 kcal, 14 g EW, 15 g F, 4 g KH

**1** Das Hähnchenfleisch kalt abwaschen, trocken tupfen und in feine Streifen schneiden. In einer Schüssel mit 3 EL Fischsauce mischen. Austernpilze trocken abreiben und in Streifen schneiden. Kirschtomaten waschen und halbieren.

**2** Ingwer schälen und fein reiben. Zitronengras von äußeren harten Blättern befreien, die Stängel weich klopfen und verknoten. Die Chilis längs aufschneiden, entkernen und waschen. Limettenblätter waschen, die Blattränder mehrfach einreißen.

**3** Kokosmilch und 800 ml Wasser in einem Topf aufkochen. Ingwer, Zitronengras, Chilis und Limettenblätter hinzufügen und alles ca. 3 Min. bei mittlerer Hitze offen köcheln lassen. Das Hähnchenfleisch hinzufügen und 2–3 Min. darin garen.

**4** Die Pilze und die Kirschtomaten dazugeben und ca. 2 Min. mitgaren. Das Zitronengras und die Chilis entfernen und die Suppe mit Limettensaft und der übrigen Fischsauce würzen. Zum Servieren die Thai-Suppe in Schalen oder Tassen verteilen.

vegetarisch

# Gemüsesuppe mit Pistou

400 g grüne Bohnen | 500 g Möhren
4 Stangen Lauch | 2 Zwiebeln
4 mittelgroße, festkochende Kartoffeln
1 Bund Kräuter der Provence (Rosmarin, Thymian, Lorbeer)
1 Dose weiße Bohnen (580 g Abtropfgewicht)
1 große Dose stückige Tomaten (850 ml)
2 Bund Basilikum | 4–5 Knoblauchzehen
60 g Pinienkerne | 8 EL Olivenöl
4 EL geriebener Parmesan | Salz | Pfeffer

Für 10 Portionen | 1 Std. Zubereitung
Pro Portion ca. 265 kcal, 11 g EW, 14 g F, 22 g KH

**1** Bohnen waschen, eventuell entfädeln und in 2–3 Stücke schneiden. Möhren und Lauch putzen und waschen, beides in Scheiben bzw. Ringe schneiden. Zwiebeln schälen, längs halbieren und in Spalten schneiden. Kartoffeln schälen und würfeln.

**2** Die vorbereiteten Zutaten in einem Suppentopf mit 2 l Wasser aufsetzen. Kräuter waschen und die Zweige im Ganzen hinzufügen (max. 2 Lorbeerblätter). Die Suppe aufkochen und ca. 25 Min. bei mittlerer Hitze kochen lassen.

**3** Die weißen Bohnen in ein Sieb abgießen, kalt abbrausen und abtropfen lassen. Mit den Tomaten zur Suppe geben, noch 15 Min. kochen lassen.

**4** Basilikum waschen und trocken schütteln, die Blätter abzupfen. Knoblauch schälen. Basilikum, Knoblauch, Pinienkerne und Öl mit dem Pürierstab mixen. Parmesan unterrühren, mit Salz und Pfeffer abschmecken. Zum Servieren die Suppe salzen und pfeffern und den Pistou dazuservieren.



oben: Thai-Suppe | unten: Gemüsesuppe mit Pistou

gut vorzubereiten

# Kichererbsen-Hähnchen-Topf

*Die Gewürzmischung Ras-el-Hanout verleiht dem Eintopf ein typisch orientalisches Aroma nach Kreuzkümmel, Koriander, Zimt und vielem mehr.*

**400 g getrocknete Kichererbsen | 1 EL gekörnte Gemüsebrühe | 800 g Hähnchenbrustfilet | 2 Knoblauchzehen | 1 EL Honig | 2 EL Ras-el-Hanout (aus dem Orientladen) | 500 g Möhren | 500 g Zucchini | 2 Bund Frühlingszwiebeln | 4 EL neutrales Öl | Salz | Cayennepfeffer**

Für 10 Portionen | ⌚ 45 Min. Zubereitung
1 Std. 15 Min. Garen | 12 Std. Einweichen
Pro Portion ca. 280 kcal, 25 g EW, 8 g F, 23 g KH

**1** Die Kichererbsen ca. 12 Std. in kaltem Wasser einweichen. Abgießen, mit 2 l frischem Wasser und der gekörnten Brühe in einem Topf aufkochen und bei mittlerer Hitze ca. 45 Min. garen.

**2** Das Hähnchenfleisch kalt abwaschen, trocken tupfen und in ca. 2 cm große Würfel schneiden. Den Knoblauch schälen und fein hacken. Die Hähnchenwürfel mit Knoblauch, Honig und 1 EL Ras-el-Hanout mischen, zugedeckt beiseitestellen und bis zur weiteren Verwendung durchziehen lassen.

**3** Die Möhren schälen und in Scheiben schneiden. Zucchini waschen und würfeln. Frühlingszwiebeln putzen, waschen und, weiße und grüne Teile separat, in Ringe schneiden. Die gegarten Kichererbsen in ein Sieb abgießen und abtropfen lassen.

**4** Das Öl in einem großen Schmortopf erhitzen. Das Hähnchenfleisch und weiße Frühlingszwiebeln darin anbraten. Möhren und ½ l Wasser dazugeben und alles ca. 10 Min. bei mittlerer Hitze zugedeckt schmoren lassen. Kichererbsen und Zucchini hinzufügen, den Eintopf mit übrigem Ras-el-Hanout, Salz und Cayennepfeffer würzen und weitere 20 Min. schmoren lassen. Vor dem Servieren das Zwiebelgrün untermischen. Dazu passt Fladenbrot.

Klassiker

# Gulaschsuppe

800 g Rindergulasch | 3 Zwiebeln | 2 Knoblauchzehen | 4 EL neutrales Öl | 2 EL edelsüßes Paprikapulver | 1 Lorbeerblatt | 3 EL Tomatenmark | 1,5 l Rinderbrühe (Instant) | 500 g festkochende Kartoffeln | 1 TL getrockneter Majoran | Salz | Pfeffer | 2 EL Weißweinessig

Für 8 Portionen
40 Min. Zubereitung | 1 Std. Garen
Pro Portion ca. 185 kcal, 9 g EW, 7 g F, 20 g KH

**1** Das Fleisch in ca. 1 cm große Würfel schneiden. Zwiebeln und Knoblauch schälen und fein hacken. Fleisch, Zwiebeln und Knoblauch im Öl 4–5 Min. stark anbraten. Paprikapulver, Lorbeer und Tomatenmark dazugeben. Mit Brühe ablöschen und alles ca. 45 Min. zugedeckt schwach köcheln lassen.

**2** Kartoffeln schälen, 1 cm groß würfeln und dazugeben. Suppe mit Majoran, Salz und Pfeffer würzen, noch 15 Min. garen. Zuletzt mit Essig abschmecken.

gut aufzuwärmen

# Chili con carne

4 Zwiebeln | 6 Knoblauchzehen | je 2 rote, gelbe und grüne Paprikaschoten | 1 kg Rinderhackfleisch | 2 EL neutrales Öl | 2 große Dosen stückige Tomaten (je 850 ml) | ½ l Rotwein (oder Brühe) | Salz | 2–3 TL Harissa (orientalische Chilipaste) | 2 Dosen Kidneybohnen (je 850 ml)

Für 10 Portionen
45 Min. Zubereitung | 1 Std. Garen
Pro Portion ca. 430 kcal, 33 g EW, 17 g F, 28 g KH

**1** Zwiebeln und Knoblauch schälen und hacken. Paprika putzen und klein würfeln. Hackfleisch, Zwiebeln und Knoblauch im Öl in einem Topf anbraten. Paprika, Tomaten und Rotwein dazugeben, mit Salz und Harissa würzen. Aufkochen und ca. 45 Min. zugedeckt bei mittlerer Hitze schmoren.

**2** Die Bohnen in einem Sieb kalt abbrausen. Abgetropft zum Chili geben und noch ca. 15 Min. mitschmoren lassen. Mit Brot servieren.

asiatisch scharf

# Gebratenes Gemüse

3 Zwiebeln
je 3 rote und gelbe Paprikaschoten
6 kleine Zucchini | 2 Bund Frühlingszwiebeln
2 große rote Chilischoten | 4 Knoblauchzehen
4 EL neutrales Öl | 2 EL Honig
6 EL helle Sojasauce
200 g geröstete, gesalzene Cashewkerne

Für 8 Portionen | 45 Min. Zubereitung
Pro Portion ca. 270 kcal, 9 g EW, 16 g F, 21 g KH

**1** Zwiebeln schälen, längs achteln, die Achtel quer durchschneiden und die Stücke auseinanderlösen. Paprikaschoten putzen, waschen und in Streifen schneiden. Zucchini waschen, ohne Stielansatz längs halbieren und in dünne Halbmonde schneiden.

**2** Die Frühlingszwiebeln putzen, waschen und in feine Ringe schneiden. Die Chilischoten längs aufschneiden, entkernen, waschen und fein schneiden. Knoblauch schälen und fein hacken.

**3** Im Backofen eine Servierschüssel auf 70° vorheizen. Im Wok (oder einer großen Pfanne) 2 EL Öl erhitzen. Zwiebeln und Paprika darin ca. 3 Min. bei starker Hitze braten. Die Hälfte von Chili und Knoblauch, 1 EL Honig und 3 EL Sojasauce dazugeben und ca. 3 Min. unter ständigem Rühren braten. Das Gemüse in die Schüssel im Ofen geben.

**4** Das übrige Öl erhitzen. Cashewkerne und Zucchini mit übrigem Chili und Knoblauch ca. 3 Min. unter ständigem Rühren braten, mit übrigem Honig und übriger Sojasauce würzen. Frühlingszwiebeln unterrühren und alles unter das bereits fertige Gemüse mischen. Warm servieren.

indisch inspiriert

# Süßkartoffelcurry

1 kg Süßkartoffeln
1–2 große grüne Chilischoten
3 Zwiebeln | 4 Knoblauchzehen
1 Stück frischer Ingwer (ca. 6 cm)
2 EL Butterschmalz
2 EL mildes Currypulver
1 große Dose stückige Tomaten (850 ml)
500 g Vollmilchjoghurt | 1 Zimtstange
1 kg Brokkoli
je 1 Bund Petersilie und Koriandergrün
Salz

Für 8 Portionen | 1 Std. Zubereitung
Pro Portion ca. 230 kcal, 8 g EW, 6 g F, 34 g KH

**1** Süßkartoffeln schälen und in 1 cm große Würfel schneiden. Die Chili längs aufschneiden, entkernen, waschen und klein schneiden. Die Zwiebeln, den Knoblauch und den Ingwer schälen und mit der Chili im Blitzhacker fein zerkleinern.

**2** Die Zwiebelmischung im heißen Butterschmalz ca. 5 Min. in einem Schmortopf bei mittlerer Hitze anbraten. Currypulver und Süßkartoffelwürfel dazugeben, ca. 3 Min. mitbraten. Tomaten, Joghurt, ¼ l Wasser und Zimtstange dazugeben und zugedeckt 10–12 Min. bei mittlerer Hitze schmoren.

**3** Inzwischen den Brokkoli waschen, in Röschen teilen, den Stiel schälen und klein würfeln. Zum Curry geben und noch ca. 10 Min. mitschmoren.

**4** Petersilie und Koriandergrün waschen und trocken schütteln, die Blätter fein schneiden. Das Curry mit Salz abschmecken und die Kräuter unterziehen. Mit Fladenbrot servieren.



oben: Gebratenes Gemüse | unten: Süßkartoffelcurry

Klassiker auf neue Art

# Hackbällchen mit Tomatensauce

*Die fruchtig-würzige Gremolata aus Orangenschale, Mandeln und Petersilie und scharfes Paprikapulver verleihen dem Gericht den richtigen Pfiff.*

1 Zwiebel | 1–2 Knoblauchzehen
750 g Rinderhackfleisch
1 Bund Petersilie
1 TL Salz | 1 TL scharfes Paprikapulver
3 EL Olivenöl | 1 Bio-Orange
1 große Dose stückige Tomaten (850 ml)
2 EL Mandelstifte

Für 8 Portionen (24 Stück)
45 Min. Zubereitung
Pro Stück ca. 95 kcal, 8 g EW, 6 g F, 12 g KH

**1** Die Zwiebel und den Knoblauch schälen und fein hacken. Mit dem Rinderhackfleisch in eine Schüssel geben. Die Petersilie waschen, trocken schütteln und ⅓ der Blätter fein schneiden. Mit Salz und Paprikapulver zum Fleisch geben und alles gut verkneten. Aus der Hackfleischmasse 24 knapp 4 cm große Kugeln formen.

**2** Das Öl in einer großen Pfanne erhitzen und die Hackbällchen darin (eventuell in zwei Portionen) rundherum in ca. 10 Min. bei mittlerer Hitze braten.

**3** Inzwischen die Orange heiß abwaschen, die Schale mit einem Sparschäler in dünnen Streifen abschälen und diese in feine Streifen schneiden. Anschließend die Orange halbieren und den Saft auspressen (ergibt ca. 100 ml).

**4** Die Hackbällchen aus der Pfanne nehmen und warm halten. Bratensatz mit dem Orangensaft ablöschen, Tomaten dazugeben und alles ca. 10 Min. einkochen lassen. Mit Salz abschmecken. Die Hackbällchen zum Servieren in die Tomatensauce legen. Die Mandelstifte, die Orangenschalenstreifen und die übrige Petersilie zusammen grob durchhacken und die Gremolata darüberstreuen.

### VARIANTE – MINI-FRIKADELLEN

Für 20 Stück 2 altbackene Brötchen ca. 5 Min. in lauwarmem Wasser einweichen. 1 Zwiebel schälen und fein hacken. ½ Bund Petersilie waschen und trocken schütteln, die Blätter fein schneiden. 500 g gemischtes Hackfleisch mit Zwiebeln, Petersilie, 2 Eiern, je ½ TL Salz und Pfeffer, 2 TL mittelscharfem Senf und 1 TL rosenscharfem Paprikapulver in eine Schüssel geben. Die eingeweichten Brötchen mit den Händen sehr gut ausdrücken, fein zerpflücken und dazugeben. Alles gut verkneten. Aus der Masse 20 Kugeln formen und diese zu kleinen Fladen flach drücken. Jeweils 2 EL neutrales Öl in einer Pfanne erhitzen und die Mini-Frikadellen in zwei Portionen darin von jeder Seite 2–3 Min. bei mittlerer Hitze braten. Warm oder kalt servieren.

### VARIANTE – ASIA-BÄLLCHEN

Für 20 Stück 1 große Möhre schälen und grob raspeln. 6 Kaffirlimettenblätter (aus dem Asienladen) waschen und die Mittelrippen entfernen, die Blatthälften in haarfeine Streifen schneiden. 500 g Rinderhackfleisch mit 1 EL roter Currypaste (aus dem Asienladen), 1 gestrichenen TL Salz, den Möhrenraspeln und den Limettenblattstreifen verkneten. Aus der Masse kleine Bällchen formen und in jeweils 2 EL neutralem Öl in einer Pfanne (in zwei Portionen) rundherum 2–3 Min. braten.

mediterran

# Kartoffel-Kapern-Spieße

24 kleine Kartoffeln (Drillinge, ca. 500 g)
24 große Kapernäpfel (aus dem Glas)
100 g Bacon (12 Scheiben)
4 EL Olivenöl | 2 Knoblauchzehen
Salz | Pfeffer
Öl für die Spieße | 12 Holzspieße (15 cm)

Für 12 Stück | 45 Min. Zubereitung
Pro Portion ca. 95 kcal, 2 g EW, 6 g F, 8 g KH

**1** Die Kartoffeln waschen, in einem Topf mit Wasser bedecken und in ca. 12 Min. knapp gar kochen. Abgießen und lauwarm abkühlen lassen.

**2** Inzwischen die Kapernäpfel in ein Sieb abgießen, abtropfen lassen und von den Stielen befreien. Die Baconscheiben quer teilen. Jeden Kapernapfel in eine halbe Baconscheibe wickeln.

**3** Die Kartoffeln ungepellt halbieren. Die Holzspieße einölen und je vier Kartoffelhälften mit zwei Speck-Kapernäpfeln aufspießen.

**4** Die Spieße in zwei Portionen braten. Dabei je 2 EL Öl in einer Pfanne erhitzen sowie je 1 Knoblauchzehe ungeschält zerdrücken und zum Aromatisieren dazugeben. Die Spieße darin 4–5 Min. von allen Seiten braten. Vor dem Servieren leicht salzen und mit etwas Pfeffer frisch übermahlen.

### AUSTAUSCH-TIPP

Für **Kartoffel-Chorizo-Spieße** ersetzen Sie die Speck-Kapernäpfel durch in 1 cm dicke Scheiben geschnittene Chorizo (spanische Paprikawurst). Vegetarier können die Speck-Kapernäpfel durch Zucchinischeiben und kleine Champignons ersetzen.

schmecken auch kalt

# Austernpilz-Clafoutis

200 g Austernpilzkappen
1 Knoblauchzehe | ½ Bund Petersilie
1 Strauchtomate | 1 EL Olivenöl
Salz | Pfeffer
150 g Frischkäse | 4 Eier
3 EL frisch geriebener Parmesan
2 gehäufte EL Speisestärke
120 ml Milch
Öl und 2 EL Semmelbrösel für die Form

Für eine 12er-Muffinform (für 12 Stück)
30 Min. Zubereitung | 25 Min. Backen
Pro Portion ca. 95 kcal, 6 g EW, 7 g F, 3 g KH

**1** Die Austernpilze trocken abreiben und in kleine Stückchen schneiden. Den Knoblauch schälen und fein hacken. Die Petersilie waschen, trocken schütteln und die Blätter fein schneiden. Die Tomate waschen, quer halbieren, Kerne und Stielansatz entfernen und die Hälften fein würfeln.

**2** Den Backofen auf 180° vorheizen. Die Mulden der Muffinform mit Öl auspinseln und mit den Bröseln ausstreuen. Das Olivenöl in einer Pfanne erhitzen. Austernpilze und Knoblauch darin bei starker Hitze ca. 3 Min. unter Rühren braten. Die Petersilie hinzufügen, alles salzen und pfeffern.

**3** Frischkäse, Eier, Parmesan, Speisestärke und Milch in einem Mixbecher mit Ausgießer verquirlen, mit Salz und Pfeffer würzen. Die Mischung in die Vertiefungen der Muffinform verteilen. Austernpilze und Tomatenwürfel daraufgeben. Die Clafoutis im heißen Ofen (Mitte, Umluft 160°) ca. 25 Min. backen. Heiß oder lauwarm servieren.



oben: Kartoffel-Kapern-Spieße | unten: Austernpilz-Clafoutis

würzig-scharf

## Hähnchenkeulen vom Blech

8 EL Olivenöl
4 Knoblauchzehen
je 1 EL gemahlener Kreuzkümmel und Koriander
2 TL Harissa (orientalische Chilipaste)
10 große Hähnchenkeulen (je ca. 250 g)
Salz | 3 EL flüssiger Honig
Backpapier für das Blech

Für 10 Portionen
45 Min. Zubereitung | 30 Min. Backen
Pro Portion ca. 525 kcal, 46 g EW, 36 g F, 4 g KH

**1** 6 EL Olivenöl in eine große Schüssel geben. Den Knoblauch schälen und dazupressen. Kreuzkümmel, Koriander und 1 TL Harissa unterrühren.

**2** Den Backofen auf 200° vorheizen, ein Blech mit Backpapier belegen. Hähnchenkeulen im Gelenk teilen, kalt abwaschen und trocken tupfen. Dann die Hähnchenteile salzen und in der Gewürzmischung wenden. Mit der Hautseite nach unten auf das Blech legen. Die Hähnchenkeulen im heißen Ofen ca. 15 Min. braten (Mitte, Umluft 180°).

**3** Den Honig mit dem übrigen Öl und dem übrigen Harissa verrühren. Das Blech kurz herausnehmen, die Hähnchenteile wenden und gut mit der Honigmischung einpinseln. Zurück in den Ofen schieben und ca. 15 Min. weiterbraten. Ein weiteres Mal mit der Honigmischung einpinseln, die Grillfunktion zuschalten und die Hähnchenteile in ca. 5 Min. goldbraun übergrillen. Auf einer Platte anrichten und warm oder kalt servieren.

mediterran

## Ofenschnitzel mit Parmesankruste

120 g Haselnüsse | 2 Bund Petersilie
80 g Parmesan (am Stück) | 3 Eiweiß
Salz | Pfeffer
10 Schnitzel (Pute oder Kalb, je 150 g, 1 cm dick geschnitten)
ca. 4 EL neutrales Öl | Backpapier für das Blech

Für 10 Portionen
40 Min. Zubereitung | 8 Min. Backen
Pro Portion ca. 300 kcal, 37 g EW, 16 g F, 2 g KH

**1** Die Haselnüsse in einer Pfanne ohne Fett bei schwacher Hitze rösten, bis sie duften. Abgekühlt die Häutchen abrubbeln und Nüsse grob hacken. Die Petersilie waschen, trocken schütteln und die Blätter fein schneiden. Den Parmesan reiben.

**2** Die Eiweiße mit 1 Prise Salz zu festem Schnee schlagen. Gehackte Haselnüsse, Parmesan und Petersilie untermischen, mit Pfeffer abschmecken.

**3** Den Backofen auf 200° vorheizen, ein Blech mit Backpapier belegen. Die Schnitzel salzen. In einer großen Pfanne jeweils 1–2 EL Öl erhitzen und die Schnitzel darin portionsweise von jeder Seite ca. 1 Min. bei starker Hitze anbraten. Nebeneinander auf das Blech legen und die Parmesan-Kräuter-Mischung daraufgeben.

**4** Den Backofengrill zuschalten, das Blech in den heißen Ofen schieben (oben) und die Schnitzel darin ca. 8 Min. überbacken, bis die Kruste Farbe angenommen hat. Auf eine vorgewärmte Platte heben und Schnitzel sofort servieren.



oben: Hähnchenkeulen vom Blech | unten: Ofenschnitzel mit Parmesankruste

# Süßes & Käse

Alle süßen Leckermäuler warten schon gespannt auf den krönenden Partyabschluss. Mein aktueller Favorit? Eine zart schmelzende Schokocreme mit feinem Orangenaroma – gelingt ganz leicht und schmeckt einfach umwerfend. Bei Käse mit Walnusspesto oder Portweinfeigen kommen auch Käsefans auf ihre Kosten.

# Schoko-Orangen-Creme

400 g Sahne
400 g Bitterschokolade »Orange«
4 sehr frische, zimmerwarme Eier
2 EL Zucker | 1 Bio-Orange

**Für 10 Gläschen (je ca. 120 ml Inhalt)**
**30 Min. Zubereitung | 4–5 Std. Kühlen**
**Pro Glas ca. 370 kcal, 7 g EW, 31 g F, 17 g KH**

1 Die Sahne steif schlagen. Die Schokolade grob hacken. Für ein heißes Wasserbad in einen größeren Topf Wasser 5 cm hoch einfüllen und erhitzen. Die Schokolade in einen kleineren Topf oder eine Metallschüssel geben, über das kochende Wasser hängen und unter Rühren schmelzen lassen.

2 Die Eier sorgfältig trennen, damit im Eiweiß keine Fettspuren enthalten sind. Die Eiweiße steif schlagen, dabei 1 EL Zucker einrieseln lassen.

3 Die Eigelbe mit dem übrigen Zucker mit dem Handrührgerät in ca. 3 Min. cremig aufschlagen. Die geschmolzene Schokolade unterrühren. Erst die geschlagene Sahne, dann den Eischnee mit einem Teigspatel unterheben. Creme in 10 Gläser füllen.

4 Die Orange heiß abwaschen, die Schale mit einem Sparschäler dünn abschälen und diese in feine Streifen schneiden. Die Cremes damit garnieren und in 4–5 Std. im Kühlschrank fest werden lassen.

VARIANTE – MARMORIERTE SCHOKOMOUSSE

Aus 2 Eiern, 1 EL Zucker, 200 g Sahne und 200 g Bitterschokolade wie beschrieben eine dunkle Mousse zubereiten. Aus den übrigen Eiern, Zucker und Sahne mit 200 g weißer Schokolade eine helle Mousse zubereiten. Die Cremes übereinander in 10 Gläser füllen, mit einer Gabel ein wenig unterheben, sodass hübsche Schlieren entstehen. Im Kühlschrank fest werden lassen.

exotisch

## Pfirsich-Kokos-Tiramisu

1 große Dose Tortenpfirsiche (in Spalten, 480 g Abtropfgewicht)
300 g Sahne
3 EL Puderzucker
250 g Mascarpone
11 EL Kokoslikör
10 Löffelbiskuits (ca. 80 g)

Für 10 Gläser (je ca. 120 ml Inhalt)
20 Min. Zubereitung
Pro Glas ca. 305 kcal, 3 g EW, 22 g F, 23 g KH

**1** Die Pfirsiche in ein Sieb abgießen und abtropfen lassen. Die Sahne mit 1 EL Puderzucker mit dem Handrührgerät steif schlagen. Den Mascarpone mit dem übrigen Puderzucker und 6 EL Kokoslikör glatt rühren und die Sahne unterheben.

**2** In jedes Glas 1 EL Mascarponecreme geben. Jeweils 1 Löffelbiskuit in Stücke brechen, darauflegen und mit ½ EL Kokoslikör beträufeln. Die Pfirsichspalten darauf verteilen und die übrige Mascarponecreme daraufhäufen.

### AUSTAUSCH-TIPPS

Während der Saison können Sie genauso 3–4 frische Pfirsiche überbrühen, häuten und das Fruchtfleisch in Spalten vom Stein schneiden. Statt Pfirsichen schmecken auch frische Erdbeeren oder Sauerkirschen (aus dem Glas) im Kokos-Tiramisu.
Wer auf Alkohol verzichten möchte, verwendet Kokossirup. Da dieser deutlich süßer ist als Kokoslikör, die Creme dann ohne Puderzucker zubereiten und zusätzlich mit 1–2 EL Limettensaft abschmecken.

gut vorzubereiten

## Zimt-Panna-cotta

6 Blatt weiße Gelatine | 800 g Sahne
6 EL Zucker | 2 Zimtstangen
1 Vanilleschote | 1 kg Zwetschgen
frisch gepresster Saft von 1 Zitrone
1 gehäufter TL Zimtpulver

Für 8 Dessertförmchen (je ca. 100 ml Inhalt)
30 Min. Zubereitung | 2 Std. Kühlen
Pro Portion ca. 405 kcal, 4 g EW, 32 g F, 24 g KH

**1** Die Gelatineblätter ca. 5 Min. in kaltem Wasser einweichen. Die Sahne mit 4 EL Zucker und den Zimtstangen in einen Topf geben. Die Vanilleschote längs aufschneiden, das Mark auskratzen und mit der Schote dazugeben.

**2** Die Dessertförmchen (oder Tassen) mit kaltem Wasser ausspülen und nicht abtrocknen. Die Sahne unter Rühren aufkochen lassen. Den Topf vom Herd nehmen. Die Gelatine ausdrücken und unter die heiße Sahne rühren. Die Zimtstangen und die Vanilleschote entfernen und die Sahne in Förmchen verteilen. Etwas abgekühlt in den Kühlschrank stellen und in ca. 2 Std. fest werden lassen.

**3** Die Zwetschgen waschen, längs halbieren und entsteinen. Mit übrigem Zucker, Zitronensaft und 100 ml Wasser in einen Topf geben, aufkochen und ca. 5 Min. bei schwacher Hitze köcheln. Abkühlen lassen. Die Panna cotta mit einem spitzen Messer vom Förmchenrand lösen, die Unterseite kurz in heißes Wasser tauchen und die Panna-cotta-Portionen auf 8 Teller stürzen. Jeweils eine kräftige Prise Zimtpulver daraufstreuen und die Zwetschgen mit etwas Sud dazu anrichten.



links: Zimt-Panna-cotta | rechts: Pfirsich-Kokos-Tiramisu

gelingt leicht

# Sherry-Trifle mit Himbeeren

*Das geschichtete Dessert aus mit Sherry getränktem Kuchen, sahniger Vanillecreme und saftigen Beeren wird der glanzvolle Abschluss Ihrer Party.*

1 Päckchen Vanillepuddingpulver | 4 EL Zucker | ½ l Milch | 1 Vanilleschote | 400 g Sahne | 900 g TK-Himbeeren | 1 Wiener Boden (fertiger Biskuit, 400 g) | 120 ml Sherry medium (oder frisch gepresster Orangensaft)

Für 12 Portionen | 30 Min. Zubereitung
Pro Portion ca. 300 kcal, 25 g EW, 14 g F, 35 g KH

**1** Puddingpulver in einer Schüssel mit 2 EL Zucker und 5 EL kalter Milch glatt rühren. Die übrige Milch aufkochen, die angerührte Mischung unter Rühren einfließen lassen und nach Packungsangabe einen Pudding kochen. Abkühlen lassen, dabei regelmäßig umrühren, damit sich keine Haut bildet.

**2** Inzwischen die Vanilleschote längs aufschneiden und das Mark herauskratzen. Die Sahne mit dem übrigen Zucker und dem Vanillemark mit dem Handrührgerät steif schlagen. Sobald der Pudding vollständig abgekühlt ist, die Vanillesahne mit einem Teigspatel unterheben.

**3** Die gefrorenen Himbeeren in eine Schüssel geben, die Hälfte zur Deko aussortieren. Die Hälfte des Biskuits in eine große Glasschüssel bröckeln und mit 60 ml Sherry beträufeln. Die Hälfte der Vanillesahne darauf verteilen und die restlichen Himbeeren daraufgeben. Den übrigen Biskuit darüberbröseln, mit Sherry tränken, Vanillesahne daraufgeben und glatt streichen.

**4** Mit den beiseitegelegten Himbeeren garnieren. Mit Klarsichtfolie abdecken und bis zum Servieren beiseitestellen (in ca. 2 Std. sind die Himbeeren aufgetaut und das Dessert schön durchgekühlt).

Frühlingsgenuss

## Erdbeeren mit Eierlikör

1 kg Erdbeeren | 3 EL Puderzucker | 100 ml frisch gepresster Orangensaft | 200 g Sahne | 250 g Sahnequark | 12 EL Eierlikör

**Für 8 Portionen | ⏲ 30 Min. Zubereitung**
**Pro Portion ca. 150 kcal, 4 g EW, 9 g F, 12 g KH**

**1** Die Erdbeeren waschen, auf Küchenpapier abtropfen lassen, entkelchen und je nach Größe halbieren oder vierteln. In einer Schüssel mit 1 EL Puderzucker und dem Orangensaft mischen.

**2** Die Sahne mit 1 EL Puderzucker steif schlagen. Den Quark mit dem übrigen Puderzucker und 8 EL Eierlikör glatt rühren und die Schlagsahne mit einem Teigspatel unterheben.

**3** Die Erdbeeren auf 8 Schälchen oder Gläser verteilen. Die Eierlikörcreme darübergeben und die Gläser zugedeckt bis zum Servieren in den Kühlschrank stellen. Vor dem Servieren über jede Portion dekorativ ½ EL Eierlikör träufeln.

gut vorzubereiten

## Rote Grütze mit Sahne

1 kg gemischte TK-Beeren | 2 EL frisch gepresster Zitronensaft | 500 ml roter Traubensaft | 1–2 EL Zucker | 40 g Speisestärke | 6 EL Cassis- oder Aprikosenlikör (nach Belieben) | 200 g Sahne

**Für 12 Portionen**
**⏲ 25 Min. Zubereitung | 2 Std. Abkühlen**
**Pro Portion ca. 140 kcal, 1 g EW, 6 g F, 22 g KH**

**1** Die gefrorenen Beeren in einen Topf geben, Zitronensaft, Traubensaft und Zucker hinzufügen. Bei mittlerer Hitze auftauen und aufkochen lassen.

**2** Die Speisestärke mit 6 EL kaltem Wasser glatt rühren. Unter die kochenden Beeren rühren und die Grütze ca. 2 Min. unter Rühren kochen lassen. Nach Belieben den Likör unterziehen. In ca. 2 Std. abkühlen lassen, gelegentlich umrühren, damit sich keine Haut bildet. Die Rote Grütze in 12 Schälchen verteilen, zum Servieren die Sahne in ein Kännchen füllen und auf das Büfett zu den Schälchen stellen.

warm servieren

## Gefüllte Bratäpfel

8 säuerliche Äpfel (z. B. Boskop oder Braeburn)
8 Dominosteine (Fertigprodukt)
8 TL Preiselbeeren (aus dem Glas)
60 g Butter
50 g Mandelstifte
150 ml Apfelsaft

Für 8 Stück
25 Min. Zubereitung | 45 Min. Backen
Pro Stück ca. 225 kcal, 3 g EW, 12 g F, 25 g KH

**1** Den Backofen auf 180° vorheizen. Die Äpfel waschen und abtrocknen. Stiel und Kerngehäuse von oben mit einem Apfelausstecher entfernen (oder mit einem spitzen Messer herausschneiden).

**2** Die Äpfel nebeneinander in eine ofenfeste Form setzen. Jeweils 1 Dominostein in die Öffnung drücken und 1 TL Preiselbeeren daraufgeben. Die Butter in kleinen Flöckchen auf die Äpfel verteilen und die Mandelstifte darüberstreuen.

**3** Den Apfelsaft in die Form gießen, diese in den heißen Ofen schieben (Mitte, Umluft 160°) und die Bratäpfel ca. 45 Min. backen. Heiß servieren.

### VARIANTE – MIT MARZIPANFÜLLUNG

Statt mit Dominosteinen und Preiselbeeren können Sie die Äpfel auch mit Orangen-Walnuss-Marzipan füllen: 150 g Marzipanrohmasse mit 1 TL abgeriebener Bio-Orangenschale und 50 g fein gehackten Walnüssen verkneten, in 8 Portionen teilen und in die ausgehöhlten Äpfel verteilen. Die Äpfel in die Form setzen, mit Butterflöckchen bestreuen, den ausgepressten Saft der Orange angießen und wie beschrieben backen.

mit fruchtiger Begleitung

## Schokoladenkuchen

250 g Butter
300 g Schokolade (70 % Kakaogehalt)
1 Vanilleschote | 6 Eier (M)
4 EL Zucker | ½ TL gemahlener Kardamom
4 Orangen | 200 g Physalis
2 EL Orangenlikör (oder frisch gepresster Orangensaft)
Butter und gemahlene Mandeln für die Form

Für eine Springform mit 26 cm Ø (für 12 Stück)
30 Min. Zubereitung | 30 Min. Backen
Pro Stück ca. 375 kcal, 6 g EW, 32 g F, 16 g KH

**1** Den Backofen auf 160° vorheizen. Die Springform gut ausbuttern und mit Mandeln ausstreuen. Die Butter und die Schokolade zusammen über dem heißen Wasserbad schmelzen.

**2** Inzwischen die Vanilleschote längs aufschneiden, das Mark herauskratzen und mit den Eiern und Zucker ca. 10 Min. mit dem Handrührgerät schaumig schlagen. Kardamom unterrühren. Die Schokoladen-Butter-Mischung mit einem Teigspatel unterziehen und den Teig in die Form gießen. Den Kuchen im heißen Ofen (Mitte, Umluft 150°) ca. 30 Min. backen und in der Form abkühlen lassen.

**3** Die Orangen so schälen, dass auch die bittere weiße Haut mit entfernt wird. Die Orangenfilets über einer Schüssel mit einem scharfen Messer zwischen den Trennhäutchen herausschneiden, dabei den Saft auffangen. Die Physalis aus den Hüllen lösen, waschen und halbieren. Orangenfilets samt Saft, Physalis und Orangenlikör mischen und als Beilage zum Schokoladenkuchen reichen.



oben: Gefüllte Bratäpfel | unten: Schokoladenkuchen

würzig | gut vorzubereiten

## Ziegenkäse mit Walnusspesto

100 g Walnusskerne
30 g Parmesan (am Stück)
je 1 Bund Petersilie und Basilikum
6 EL Walnussöl
1–2 EL frisch gepresster Zitronensaft
Salz | Pfeffer | Zucker
500 g Ziegenweichkäse

Für 8 Portionen | 25 Min. Zubereitung
Pro Portion ca. 345 kcal, 17 g EW, 30 g F, 2 g KH

**1** Die Walnüsse in einer Pfanne ohne Fett bei schwacher Hitze rösten, bis sie duften. Abkühlen lassen. Den Parmesan fein reiben.

**2** Die Kräuter waschen, trocken schütteln und die Blätter abzupfen. Mit den Walnüssen in einem Mixer (oder in einem hohen Aufschlaggefäß mit dem Pürierstab) mittelfein pürieren, dabei nach und nach das Walnussöl dazugießen. Den geriebenen Parmesan unter die Paste rühren und diese mit Zitronensaft, Salz, Pfeffer und 1 Prise Zucker abschmecken. Pesto in ein Schälchen füllen.

**3** Zum Servieren den Ziegenkäse in Scheiben schneiden und das Walnusspesto dazustellen. Dazu passt knuspriges Ciabattabrot.

### VARIANTE – CAMEMBERT MIT WALNUSSPESTO

Das Walnusspesto passt auch gut zu mildem Brie oder Camembert: 1 großen runden Camembert (500 g) wie einen Tortenboden horizontal durchschneiden, mit dem Pesto füllen und in schmale Tortenstücke schneiden.

süß-pikant | gut vorzubereiten

## Käseplatte mit Portweinfeigen

250 g getrocknete Feigen
300 ml roter Portwein
6 verschiedene Käsesorten (insgesamt ca. 1 kg), z. B. Ziegenfrischkäse (nach Belieben mit Kräutern oder rotem Pfeffer), Brie oder Camembert (milder, cremiger Weichkäse), Chaumes oder Reblochon (würziger Weichkäse), Roquefort oder Gorgonzola (Blauschimmelkäse), Comté (milder Hartkäse) und Gruyère (aromatischer Hartkäse)
500 g kernlose, blaue Trauben
je 100 g Rauch- oder Salzmandeln und Pistazien

Für 10 Portionen | 40 Min. Zubereitung
Pro Portion ca. 540 kcal, 26 g EW, 33 g F, 27 g KH

**1** Die Feigen in einem Töpfchen mit dem Portwein bedecken, einmal aufkochen und zugedeckt ca. 25 Min. bei schwacher Hitze köcheln lassen. Vom Herd nehmen und kurz auskühlen lassen.

**2** Die Feigen in ein Schälchen geben. Den Portweinsud noch einmal erhitzen und sirupartig einkochen lassen. Über die Portweinfeigen gießen.

**3** Den Käse ca. 30 Min. vor dem Servieren aus dem Kühlschrank nehmen. Trauben waschen und mit einer Schere in kleine Zweiglein teilen.

**4** Käse, Portweinfeigen, Trauben und Nüsse auf einer Platte anrichten. Dazu passen Baguette oder auch Nussbrot und Vollkornbrot (am besten gleich in mundgerechte kleine Stücke schneiden).



oben: Käseplatte mit Portweinfeigen | unten: Ziegenkäse mit Walnusspesto

**Zum Gebrauch**
Damit Sie Rezepte mit bestimmten Zutaten noch schneller finden können, stehen in diesem Register zusätzlich auch beliebte Zutaten wie **Hackfleisch** und **Kartoffeln** – ebenfalls alphabetisch geordnet und **hervorgehoben** – über den entsprechenden Rezepten.


## A

**Apfel**
Gefüllte Bratäpfel 56
Kürbis-Apfel-Suppe 37
Möhren-Apfel-Salat 29
Asia-Bällchen (Variante) 44
Austernpilz-Clafoutis 46

## B

Backobst, Schmalz mit 9
Bratäpfel, gefüllte 56
Brötchen: Pizzabrötchen 16
Butter: Schinkengugelhupf mit Würzbutter 22

## C

Camembert mit Walnusspesto (Variante) 58
Canapés
Pasteten-Canapés 14
Schnitzel-Canapés 14
Caprese (Tomaten-Mozzarella-Salat, Variante) 25
Chili con carne 41
Chorizo: Kartoffel-Chorizo-Spieße (Tipp) 46
Clafoutis: Austernpilz-Clafoutis 46
Cremes
Schinken-Tomaten-Creme 9
Schoko-Orangen-Creme 51
Marmorierte Schokomousse (Variante) 51
Crêpes: Räucherlachs-Crêpes 11
Crostini
Salsiccia-Crostini 17
Ziegenkäse-Crostini 17
Curry
Süßkartoffelcurry 42
Currylinsen-Dip 8

## D/E

Dips
Currylinsen-Dip 8
Limetten-Senf-Dip, Graved Lachs mit 32
Schnittlauch-Radieschen-Dip 8
Eier, Russische 64
Eierlikör, Erdbeeren mit 55
Eintöpfe
Chili con carne 41
Kichererbsen-Hähnchen-Topf 40
Gemüsesuppe mit Pistou 38
Erdbeeren mit Eierlikör 55

## F

Forellentaler 12
Frikadellen
Asia-Bällchen (Variante) 44
Hackbällchen mit Tomatensauce 44
Mini-Frikadellen (Variante) 44

## G

Garnelen, Glasnudelsalat mit 30
Gebratenes Gemüse 42
Gefüllte Bratäpfel 56
**Gemüse**
Kartoffelsalat mit buntem Gemüse (Variante) 26
Gemüse, gebratenes 42
Gemüsekuchen (Variante) 20
Gemüsesuppe mit Pistou 38
Glasnudelsalat mit Garnelen 30
Granatapfel, Hirsesalat mit 30
Graved Lachs mit Limetten-Senf-Dip 32
Gugelhupf: Schinkengugelhupf mit Würzbutter 22
Gulaschsuppe 41

## H/I

Hackbällchen mit Tomatensauce 44
**Hackfleisch**
Asia-Bällchen (Variante) 44
Chili con carne 41
Hackbällchen mit Tomatensauce 44
Mini-Frikadellen (Variante) 44
Hackfleischtaschen 18
**Hähnchen**
Kichererbsen-Hähnchen-Topf 40
Hähnchenkeulen vom Blech 48
Himbeeren, Sherry-Trifle mit 54
Hirsesalat mit Granatapfel 30
Italienischer Nudelsalat 26

## K

Kalter Hund 64
Kapern: Kartoffel-Kapern-Spieße 46
**Kartoffeln**
Kartoffel-Chorizo-Spieße (Tipp) 46
Kartoffel-Kapern-Spieße 46
Kartoffelsalat mit buntem Gemüse (Variante) 26
Kartoffelsalat, spanischer 26
Käseigel 64
Käseplatte mit Portweinfeigen 58
Kichererbsen-Hähnchen-Topf 40
**Kokos**
Linsen-Kokos-Salat 28
Pfirsich-Kokos-Tiramisu 52
**Kürbis**
Kürbis-Apfel-Suppe 37
Kürbiskuchen mit Schafskäse 20

## L

**Lachs**
Graved Lachs mit Limetten-Senf-Dip 32
Räucherlachs-Crêpes 11

Lachsremoulade 8
Lauchpastetchen 18
Limetten-Senf-Dip, Graved Lachs mit 32
Linsen
  Currylinsen-Dip 8
  Linsen-Kokos-Salat 28

## M/N

Mango-Mozzarella-Platte 25
Marmorierte Schokomousse (Variante) 51
Matjesplatte 33
Mini-Frikadellen (Variante) 44
Möhren-Apfel-Salat 29
Mousse: Schokomousse, marmorierte (Variante) 51
Mozzarella: Mango-Mozzarella-Platte 25
Nudelsalat, italienischer 26

## O

Ofenschnitzel mit Parmesankruste 48
Orangen: Schoko-Orangen-Creme 51

## P

Panna cotta: Zimt-Panna-cotta 52
Parmesankruste, Ofenschnitzel mit 48
Pesto
  Thai-Pesto, Roastbeef mit 34
  Walnusspesto, Camembert mit (Variante) 58
  Walnusspesto, Ziegenkäse mit 58
Pasteten-Canapés 14
Pfirsich-Kokos-Tiramisu 52
Pilz-Tramezzini 12
Pistou, Gemüsesuppe mit 38
Pizzabrötchen 16
Portweinfeigen, Käseplatte mit 58

## R

Radieschen: Schnittlauch-Radieschen-Dip 8
Räucherlachs-Crêpes 11
Remoulade: Lachsremoulade 8
Rindfleisch: Roastbeef mit Thai-Pesto 34
Roastbeef mit Thai-Pesto 34
Rosmarinbraten (Variante) 34
Rote Grütze mit Sahne 55
Rotkohl-Trauben-Salat 29
Russische Eier 64

## S

Sahne, Rote Grütze mit 55
Salate
  Caprese (Tomaten-Mozzarella-Salat, Variante) 25
  Glasnudelsalat mit Garnelen 30
  Hirsesalat mit Granatapfel 30
  Italienischer Nudelsalat 26
  Linsen-Kokos-Salat 28
  Mango-Mozzarella-Platte 25
  Möhren-Apfel-Salat 29
  Rotkohl-Trauben-Salat 29
  Spanischer Kartoffelsalat 26
Salsiccia-Crostini 17
Schafskäse: Kürbiskuchen mit 20
**Schinken**
  Schinkengugelhupf mit Würzbutter 22
  Schinkenplatte 33
  Schinken-Tomaten-Creme 9
Schmalz mit Backobst 9
Schnittlauch-Radieschen-Dip 8
Schnitzel
  Ofenschnitzel mit Parmesankruste 48
  Schnitzel-Canapés 14
**Schokolade**
  Schokoladenkuchen 56
  Schokomousse, marmorierte (Variante) 51
  Schoko-Orangen-Creme 51
Schweinefleisch: Rosmarinbraten (Variante) 34
Sherry-Trifle mit Himbeeren 54
Spanischer Kartoffelsalat 26
Spieße
  Kartoffel-Chorizo-Spieße (Tipp) 46
  Kartoffel-Kapern-Spieße 46
Suppen
  Gemüsesuppe mit Pistou 38
  Gulaschsuppe 41
  Kürbis-Apfel-Suppe 37
  Thai-Suppe 38
Süßkartoffelcurry 42

## T

Taschen: Hackfleischtaschen 18
Thai-Pesto, Roastbeef mit 34
Thai-Suppe 38
Tiramisu: Pfirsich-Kokos-Tiramisu 52
**Tomaten**
  Schinken-Tomaten-Creme 9
  Tomatensauce, Hackbällchen mit 44
Tramezzini: Pilz-Tramezzini 12
Trauben: Rotkohl-Trauben-Salat 29
Trifle: Sherry-Trifle mit Himbeeren 54

## W

Walnusspesto
  Camembert mit (Variante) 58
  Ziegenkäse mit 58
Würzbutter, Schinkengugelhupf mit 22

## Z

Ziegenkäse
  Ziegenkäse mit Walnusspesto 58
  Ziegenkäse-Crostini 17
Zimt-Panna-cotta 52

## DIE GU-QUALITÄTS-GARANTIE

**Liebe Leserin, lieber Leser,**
wir möchten Ihnen mit den Informationen und Anregungen in diesem Buch das Leben erleichtern und Sie inspirieren, Neues auszuprobieren. Alle Informationen werden von unseren Autoren gewissenhaft erstellt und von unseren Redakteuren sorgfältig ausgewählt und mehrfach geprüft. Deshalb bieten wir Ihnen eine 100 %ige Qualitätsgarantie. Sollten wir mit diesem Buch Ihre Erwartungen nicht erfüllen, lassen Sie es uns bitte wissen. Sie erhalten von uns kostenlos einen Ratgeber zum gleichen oder ähnlichen Thema.
Wir freuen uns auf Ihre Rückmeldung, auf Lob, Kritik und Anregungen, damit wir für Sie immer besser werden können.

**GRÄFE UND UNZER Verlag**
Leserservice
Postfach 86 03 13
81630 München
E-Mail:
leserservice@graefe-und-unzer.de

Telefon: 00800 / 72 37 33 33*
Telefax: 00800 / 50 12 05 44*
Mo–Do: 8.00–18.00 Uhr
Fr: 8.00–16.00 Uhr
*(* gebührenfrei in D, A, CH)*

Ihr GRÄFE UND UNZER Verlag
*Der erste Ratgeberverlag – seit 1722.*



**Projektleitung:** Melanie Haizmann
**Lektorat:** Kathrin Gritschneder
**Korrektorat:** Mischa Gallé
**Layout, Typografie und Umschlaggestaltung:**
independent Medien-Design, Horst Moser, München
**Satz:** Liebl Satz+Grafik, Emmering
**Herstellung:** Christine Mahnecke
**Reproduktion:**
Repro Ludwig, Zell am See
**Druck:** Firmengruppe APPL, aprinta druck, Wemding
**Bindung:** Firmengruppe APPL, sellier druck, Freising
**Syndication:**
www.jalag-syndication.de

ISBN 978-3-8338-2525-5

3. Auflage 2014

www.facebook.com/gu.verlag

**Umwelthinweis**
Dieses Buch ist auf PEFC-zertifiziertem Papier aus nachhaltiger Waldwirtschaft gedruckt.

GRÄFE UND UNZER

*Ein Unternehmen der*
GANSKE VERLAGSGRUPPE

## Die Autorin

**Margit Proebst** arbeitet seit 1999 als Kochbuchautorin und Foodstylistin in München, inzwischen sind über 30 Bücher von ihr erschienen. Nach ihrem Studium der Kunstgeschichte und Philosophie betrieb sie über viele Jahre einen kleinen Catering-Service und wurde so zur Expertin für Partys und Partyrezepte.

## Der Fotograf

**Jörn Rynio** zählt zu seinen Auftraggebern internationale Zeitschriften, namhafte Buchverlage und Werbeagenturen. Mit einer großen Portion Kreativität und appetitanregendem Styling setzt der Hamburger Fotograf Food-Spezialitäten aus aller Welt stimmungsvoll in Szene. Tatkräftig unterstützt wird er dabei von seinen Stylistinnen Petra Speckmann (Food) und Michaela Suchy (Requisite).

## Titelbildrezept

Blätterteighörnchen (S. 18); Mango-Mozzarella-Platte (S. 25); Hirsesalat mit Granatapfel (S. 30)

## Bildnachweis

Titelfoto: Eising FoodPhotography (Martina Görlach), München;
alle anderen Fotos: Jörn Rynio, Hamburg.

**Die Temperaturangaben** bei Gasherden variieren von Hersteller zu Hersteller. Welche Stufe Ihres Herdes der jeweils angegebenen Temperatur entspricht, entnehmen Sie bitte der Gebrauchsanweisung. Bei Elektroherden können die Backzeiten je nach Herd variieren.

# 70er-Jahre-**Klassiker**

### Käseigel

150 g kernlose Trauben waschen, abtropfen lassen und von den Stielen zupfen. 1 Handvoll Kirschtomaten waschen und abtrocknen. 1 Honigmelone halbieren, die Kerne herauskratzen und das Fruchtfleisch mit einem Kugelausstecher herausschneiden. Eine Melonenschalenhälfte mit Alufolie überziehen und auf eine Platte legen. Für 10 Personen 800 g Schnittkäse am Stück (z. B. Gouda, Emmentaler, Edamer) in mundgerechte Würfel schneiden. Jeweils 1 Melonenkugel, Kirschtomate oder Traube mit Holzspießen auf die Käsewürfel stecken und die Melone damit dicht bestücken.

### Russische Eier

8 Eier in ca. 10 Min. in kochendem Wasser hart kochen, kalt abschrecken und abkühlen lassen. Die Blätter von ½ Kopf Endiviensalat waschen, abtropfen lassen und in feine Streifen schneiden. Auf einer Platte verteilen. Die Eier pellen und längs halbieren. Mit Mayonnaise aus der Tube den Rand der Eihälften jeweils mit einem Zackenrand verzieren. Jeweils in die Mitte der Eier 1 knappen TL Kaviarersatz oder Forellenkaviar geben. Die Russischen Eier auf dem Salatbett anrichten. Die Platte bis zum Servieren noch unbedingt kühl stellen.

### Kalter Hund

Eine kleine Kastenform (10 x 25 cm) mit Backpapier auslegen. 200 g Kokosfett (z. B. Palmin) bei schwacher Hitze schmelzen und lauwarm abkühlen lassen. 2 Eier (M) mit 150 g Puderzucker, 1 Päckchen Vanillezucker und 1 Prise Salz 3–4 Min. mit dem Handrührgerät schaumig schlagen. 4 EL Kakaopulver unterrühren. Das flüssige Kokosfett nach und nach unterrühren. 2 EL Kakaomasse auf dem Boden der Form verstreichen. Eine Lage Butterkekse darauflegen und etwas Kakaocreme daraufstreichen. So abwechselnd Butterkekse (insgesamt 24 Stück) und Kakaocreme einschichten, bis alles aufgebraucht ist (mit Kakaocreme abschließen). Das Backpapier darüberschlagen und das Dessert in ca. 4 Std. im Kühlschrank durchkühlen und fest werden lassen. Zum Servieren aus der Form stürzen, Backpapier abziehen und den Kalten Hund mit einem scharfen Messer in Scheiben schneiden.